理论+工具+方法，打造三位一体的班组管理方案

# 班组长
# 工作手册
# 全书

——快速成为最优秀班组长必备培训书

文义明 编著

优秀企业看中层，卓越企业看基层
培养金牌班组长，助力企业从优秀走向卓越

（第二版）

BANZUZHANG GONGZUO SHOUCE QUANSHU

经济管理出版社
ECONOMY & MANAGEMENT PUBLISHING HOUSE

**图书在版编目（CIP）数据**

班组长工作手册全书/文义明编著. 一2版. 一北京：经济管理出版社，2018.9
ISBN 978-7-5096-5958-8

Ⅰ．①班… Ⅱ．①文… Ⅲ．①班组管理—手册 Ⅳ.①F406.6-62

中国版本图书馆CIP数据核字(2018)第200791号

组稿编辑：张永美
责任编辑：张永美
责任印制：黄章平
责任校对：超　凡

出版发行：经济管理出版社
　　　　　（北京市海淀区北蜂窝8号中雅大厦A座11层　100038）
网　　址：www.E-mp.com.cn
电　　话：(010)51915602
印　　刷：三河市延风印装有限公司
经　　销：新华书店
开　　本：720mm×1000mm/16
印　　张：16.25
字　　数：241千字
版　　次：2018年11月第2版　2018年11月第1次印刷
书　　号：ISBN 978-7-5096-5958-8
定　　价：48.00元

# 前　言

　　企业 90% 的基础管理工作靠谁落实？企业一线的日常生产效率由谁推进？是谁在第一时间掌控着生产进度、产品质量、作业安全等问题？又是谁在每天 8 个小时工作时间内始终紧盯着生产现场，执行督导管理？很显然，是企业最基层的负责人、班组生产一线的直接指挥者、班组生产一线工作的组织者——班组长。

　　前国资委主任李荣融曾经说过："如果班组建设搞不好，企业可以兴旺一时，但绝不会持久。"诸多的企业经营管理事例同样证实了这一点，可见基层班组建设管理对于整个企业发展的重要性。而基层班组建设管理的好坏，又直接取决于班组长工作水平和能力的高低。因此，要实现企业的长久效益，要建设稳固的基层生产班组，必然需要培养最优秀的班组长。

　　立足于帮助企业解决培养最优秀班组长的问题，为每一位基层班组长实现能力的显著提升，本书总结了成为最优秀班组长所应该具备的各种素质和技能以及如何开展班组工作等内容，并以通俗易懂、简洁清晰的方式，向读者阐述了这些必备的素质、技能、工作方法等。

　　本书最大的特点在于语言简洁、要点清晰、逻辑性强。从班组长角色定位、班组管理的基础、生产计划管理、作业现场管理、全面质量管理、保障作业安全以及班组自主创新等方面，为班组长实现优质班组管理提供了明确的、操作性强的管理方法以及自我提升的方式。

　　本书的每一章都是由论述和经典案例构成，在论述上力求通俗、简洁、突出要点，紧紧地围绕着每一章的中心要点展开，从最常见、最有用的管理角度和技能方法入手，期望给读者提供最科学、最有效的自我素质提升方法和班组管理技巧；在"经典案例"上将能够凸显每一章主旨的案例放在了论述之后，期望能以最直观的方式，让读者从实际的案例中发现前面所论述的方法、技巧的现实指导意义，并且帮助读者树立能实现优质班组管理、成为最优秀班组长的信心。

　　当然，由于客观情况的限制，本书不可能全部概括出成为最优秀班组长需要掌握的所有素质和技能，但可以保证，本书传递的各种素质提升方法和实现优质管理的技能，都是被诸多优秀企业采纳证明，并一直被付诸实践的培养最优秀基层班组长的方式。希望能够对读者有所借鉴、帮助。

# 目  录

# 第一章　班组长角色定位：认清自己，做好"兵头将尾"

## 第一节　班组长的自我角色认知

### 班组的含义及基本内容

现代企业的管理结构一般呈现出三角形的形式，包括决策层、执行层和操作层，也就是人们常说的高层、中层和基层。高层作为决策层属于"动脑"者；中层作为执行层属于"动口"者；而基层作为操作层属于"动手"者，主要负责实际生产操作的任务，因管理需要，基层便形成了最普遍的班组。

#### 一、班组的概念

班组是根据企业内部的劳动分工及管理的需要，把生产过程中协同合作的同工种工人、相近工种工人或不同工种工人，按一定的管理制度组织在一起，从事生产活动的一种组织。一般来说，班组是按产品、工艺管理的要求所划分的基本作业单元，它是企业的细胞。

#### 二、班组的基本内容

1. 班组的分类

一般而言，企业班组大致可以分为四类：生产班组、辅助班组、职能班组和服务性班组。

2. 班组的组建原则

班组并非随意组建而成的，员工的选择要根据一定的要求进行。班组的组建一般需要遵循三大原则，即生产工艺化原则、对象专业化原则和混合原则。

生产工艺化原则是指在进行相同的工艺加工时，企业需要集中同类型的工艺设备和同种技能的员工；对象专业化原则是指在进行不同的工艺加工时，按照生产某种产品或零部件的需要，企业要集中多种工艺设备和不同工种的技术员工；混合原则是指企业班组的组建，要重视将生产工艺化原则和对象专业化原则相结合。

3. 班组的特点

（1）结构小。

由于班组是企业中最基层的单位，结构最小，不能再分。一个班组，无论是从人员，还是从设备数量、产品品种等方面来看，它都是极简的，生产工种或工序的组合非常简单，生产方式也是比较单一的。

（2）管理全。

班组"麻雀虽小，五脏俱全"。在生产、质量、安全、工艺、劳动纪律等方面的管理上一应俱全。企业的任何工作都要落实到班组、贯彻到班组。班组工作是企业全部工作的缩影。

（3）工作细。

班组的任务分配细，各种考核细，管理工作细。所有的工作都被实实在在地落实到每一处细节上，所以它是企业生产管理中最细的一个层次。

由于班组的工作非常具体、繁杂，班组长只有耐心、细致地去对待它，才能把工作做好。

（4）任务实。

企业所有的生产任务、管理内容等，最终都要落实到班组。

（5）群众性。

班组的日常工作，需要班组长团结全体成员，集中大家的智慧和力量，才能更好地完成。所以它是一项群众性很强的工作。

4. 班组管理的特征

班组是企业中最基本的作业单元，班组管理是企业管理的基础。班组管理的特征主要包括：

（1）班组管理的独立性。

班组管理既需要融合于整个企业管理当中，又有其自身的独立性。它是在企业整个生产经营活动中，由班组自身所进行的计划、组织、指挥、协调、控制和激励等管理活动。

（2）班组管理的民主性。

班组管理最大的特点就是员工直接参与管理。无论是工作计划制定，还是班组经济核算，班组的各个方面工作都需要人人当家做主，做到全面的、民主的管理。

（3）班组管理方式的多样性。

班组管理的基本要求是系统管理，基本形式是民主管理，基本内容是基础管理。班组管理的推行，需要将行政管理与民主管理相结合，集中管理与自主管理相结合，专业管理与群众管理相结合。

## 班组长是"兵头"，更是"将尾"

企业中最小的"单元"便是班组，而这个最小"单元"的头便是班组长。班组长作为班组生产管理的直接指挥和组织者，既要实施和传达上级的决策，又要管好现场生产活动，保证单位目标任务的实现和各项工作的顺利进行。所以，班组长既是"兵头"，又是"将尾"。那么，到底该如何发挥班组长"兵头将尾"的作用呢？其实，加强班组长建设是重点。

**一、班组基础管理问题需要客观分析，从容应对面临的新问题**

随着企业的不断发展，班组的思想政治工作总是会出现各种各样的新问题，客观分析产生这些问题的原因，有以下五个方面：

1. 软办法不管用

一些企业越来越喜欢用物质去奖励员工，轻视精神鼓励和有效的思想政治教育，使一些员工滋长了极端"趋利"的情绪，在工作中表现为给多少钱干多少活。

2. 班组思想政治工作者的积极性不高

企业班组的日常思想政治工作主要靠班组长去做，但班组人员的任务和奖金分配权，都集中在车间（队、站），班组长遇到员工思想的实际问题很难解决。

3. 班组基础管理相对薄弱，硬办法不敢用

强化管理是企业生产经营中必不可少的手段，企业从维护、管理到经营都有一套严密的规章制度和奖惩办法。然而在实际工作中，一些班组长却"强"不起来。这里面原因颇多，如少数单位领导平时不为班组长撑腰，遇有牵涉全局性的班组难题时不能积极有效地帮助协调解决，而是"下放"矛盾，使班组长进退维谷，处境尴尬；更有些企业裙带关系复杂，班组长执行规章制度时得罪一人，往往惹恼一片。

4. 缺乏必要的组织制度保证

班组考核中很难把思想政治工作列入考核项目，同时因为工作任务繁重，班组长也无暇学习必要的理论知识来研究和指导班组思想政治工作。

5. 内外部环境的影响产生了消极性

一些班组长受社会上不良作风的影响，认识不到思想政治工作的作用和地位，极度排斥简单灌输和传统教育，认为思想政治工作就是简单的谈心，遇到问题时盲目以罚代教，而不能耐心细致、对症下药，结果不但不能解决问题，反而使矛盾激化，因此不能带动员工的积极性，影响班组工作的开展和生产任务的完成。

上述问题都需要企业领导与班组长自身重视，所有的问题只要对症下药就能够解决。而解决了问题，班组长的建设工作自然就会得到加强。

## 二、制度是强化班组长规范化管理的关键

想要规范化管理，就必须制定好的制度。想要做好班组长建设，就必须出台一系列强硬措施去约束班组长的选拔与促进班组长整体素质的提高。

1. 建立健全科学的班组长选拔、任用、管理制度

社会形势日新月异，班组长选拔、任用工作必须趋于科学化。一切都要本着公开、公正、公平的原则，把思想道德好、管理能力强、技术业务精、员工威信高、工作经验丰富，并具有一定文化程度的人员推选到班组长的岗位上来。"兵头"足够优秀，"小兵"才会有目标，才能服气。

2. 班组长的职业培训要加强

有很多的班组长都是由员工或技术员过渡而来的，他们往往当了班组长之后却不知道自己要做什么，由于没有掌握"教导方法"，就容易导致班组长往往自己"能干"，而手下的员工却"不能干"的局面发生。因此，加强班组长的职业培训对提高班组长管理水平显得尤为重要。企业应该对班组长进行有针对性的职业培训，要让他们学会正确处理好班组人员关系，学会做思想工作，搞好班组团结，成为一个优秀的"指挥官"。

3. 建立完善的班组长绩效考核制度

班组长也并非完全自觉，如果没有考核制度的约束，他们的积极能动性难以发挥，而一旦班组长缺乏积极能动性，班组的生产任务就难以保质保量地完成。因此，在提高班组长待遇的同时，必须出台完善班组长绩效考核制度，做到有奖有罚，奖罚分明。

总而言之，班组长既是"兵头"又是"将尾"，所以在企业现场管理中，首先要将班组长建设做好。因为只有这样，才能保证班组良性运作。

## 班组长的职责和权利

班组的管理水平可以反映出企业的整体形象、管理水平和精神面貌，它是衡量企业素质和管理水平高低的一个重要标志。因此，班组长是否尽职尽责地保证企业政策的顺利实施、企业工作的顺利开展，这对企业而言至关重要。要想尽职尽责，班组长首先要明确自己的职责和权力。

### 一、班组长的职责

班组长是负责管理企业最基层的工作，其工作职责主要包括：

1. 生产管理

班组长的生产管理职责主要包括：管理现场作业、监督工程质量、进行成本核算、管理生产材料、保养机器设备等。

2. 劳务管理

班组长的劳务管理职责主要包括：人事调配、排班、考勤、勤务、员工情绪管理、员工培训以及监督卫生、监督安全操作、员工福利、员工保健、团队建设等。

3. 辅助上级

班组长要辅助上级，做好政策传达工作，做好规章、制度的落实工作，并及时向上级反映工作中的实际情况，提出自己的建议，做好上级领导的参谋助手。

## 二、班组长的权利

对任何一名管理者而言，手中都握有一定的权利，这些权利随着管理者的职位高低而有所变化。班组长的权利主要包括：

1. 指挥管理权

班组长在认真执行车间制定的作业计划、落实车间下达的生产指标、服从企业指挥系统的基础上，有权指挥管理本班组的生产经营活动，主要包括：安排生产计划、分解指标；布置工作、分配任务；临时处置、调度生产；内部协调、发出指令等。

2. 制度完善权

班组长有权根据企业和车间的有关制度以及本班组的实际情况，制定本班组工作的实施细则，如实行经济责任制的实施细则；各工种岗位责任制度的实施细则；贯彻企业和车间有关专业管理和民主管理的实施细则以及适用于本班组的其他制度。

3. 劳动组织权

班组长在贯彻执行企业和车间制定的劳动定额、统一考勤制度、作息时间和劳动纪律的有关规定的基础上，有权根据生产经营活动的需要调整本班组的劳动，主要包括：改进劳动组织，实现组织结构的优化组合；执行劳动纪律，维护生产秩序；批准员工的假期，安排替班倒休等。以此来充分调动员工的工作积极性，挖掘员工的劳动潜力，合理地安排和组织劳动力。

### 4. 奖罚建议权和分配权

班组长有权以事实为依据，代表班组多数成员的意向，向上级提出关于本班组职工的奖罚建议。对职工的奖励建议主要包括物质奖励和精神鼓励两个方面，班组长可以通过结合工厂组织选拔、评比活动，根据群众评议或成绩的优异，向上级申报和推荐。对职工的惩罚建议主要包括经济处罚和行政处分，班组长可以根据员工本人违章违制和违纪违法的事实，向上级申报，当然也要给予当事人澄清事实和申诉的机会。

班组长也有权按照企业经济责任制的规定，秉持着公平公正的原则，对本班组的奖金进行分配，主要包括：对组员的劳动成果进行定量和定性考核，奖勤罚懒；指定班组内部奖金分配方案；留出一定奖金余额用于集体活动、集体福利等。

### 5. 举才推荐权

班组长有权根据本班组职工的情况，推荐本班组优秀职工参加学习深造或提升晋级。

### 6. 制止违章权

班组长有权拒绝违章作业和违章指挥。当工艺文件不齐全，主要设备和原材料没有使用说明书或合格证时，班组长有权拒绝生产；对危及设备和员工人身安全的违章指挥，班组长有权拒绝执行；当设备运转不正常，影响产品质量或威胁工人安全时，班组长有权下令停止作业；对于领导或管理部门的违章指挥，班组长可以根据相关的劳动、安全等法规和企业有关制度，通过正常的管理渠道及时向上级和主管部门反映。

### 7. 维护利益权

班组长有权依据法律法规，维护职工的合法权益。主要包括维护员工的休假、工资待遇、生活福利、发明创造权益；维护员工参与民主监督和民主管理的权益；维护劳动合同、承包合同、劳动保护、环境保护等权益。

## 最优秀班组长的五个角色

班组长作为企业最基层的管理者，维系着企业领导者与基层之间的沟通交流，企业的政策、制度、生产计划、经营调整等，能否被有效地上传下达，能否被有效地实施，班组长在其中发挥着极其重要的作用。

班组长要想执行好自己的职责，行使好自己的权力，充分发挥自己"兵头将尾"的重要作用，就要明确自己在整个企业、整个生产管理中所要扮演的角色，认真对待自己的每一个角色，忠于每一个角色的责任与义务，发挥优秀班组长的重要作用。

优秀班组长所要扮演的角色主要包括：

**一、"桥梁"**

"桥梁"是班组长最重要、最直观的一种角色。对主管人员来说，班组长是其命令和决定的执行者；对本班组内的职工来说，班组长是下传命令和上述职工情况与想法的沟通者。总之，班组长处于各种关系的交汇点，他需要化解各方矛盾，协调上下级之间、班组之间、班组成员之间的关系，以促进各方面关系的和谐。

所以，班组长要扮演的一个重要角色就是主管人员和作业人员之间的桥梁，是管理精神的传播窗口。

**二、领导者**

对班组内的作业员工来说，班组长是他们的主心骨、领导者，直接领导他们的作业，对他们的作业进行指导并提出批评、改正的意见。

**三、责任者**

对企业来说，班组长是基层的管理员，是企业利润的创造者。这样的职位决定了班组长所要承担的责任与普通员工之间有很大差异。班组长的责任主要集中在企业最基础的生产上，他是产品的质量、成本、产量指标达成的最直接责任者。

**四、同事**

对其他班组长来说，班组长是他们的同事、战友，也是他们的竞争对手，他们之间既存在协作的关系，又存在竞争的关系。

### 五、助手

对企业的中层管理者来说，班组长是他们的左右手，充当着助手的角色，帮助他们将指令下达到基层员工中去执行。

班组长的五个角色缺一不可，为了提高管理水平，班组长应该提高自己的角色认知，清楚自己每一个角色的权责。唯有扮演好这五大角色，发挥好各个角色的重要作用，班组长才能够为企业的各项工作提供可靠的保证。

## 最优秀班组长的六项使命

班组长是企业中一个班组的领导者，班组长的工作任务是根据上级领导的工作指令，做好本班组的生产和管理工作，与员工共同完成工作任务。在这个过程中，班组长的职责是充分发挥班组成员的能动性和积极性，团结协作，按质、按量、如期、安全地完成既定目标，完成企业赋予自己的使命。

以下是班组长的六项使命：

### 一、完成生产任务

班组长要团结组员，一起寻找工作中的问题点，通过不断创新，不断开展质量改进活动，在保证圆满完成基本生产任务的前提下，充分挖掘班组成员的生产潜力，带领班组成员向高质量、高效率、低消耗的目标前行。

### 二、做好工序衔接

班组长要做好班组工作中各个工序的衔接工作，严格遵循"复查上工序，保证本工序，服务下工序"的工作准则。

### 三、质量控制

班组长在日常工作中，要通过自检、互检、巡检等方式，做好对本班组产品质量的检验和复检工作，落实质量控制点活动，保证生产产品的质量符合规定标准。

### 四、开展质量改进活动

班组长要带领班组员工坚持开展质量改进和 QC 小组活动，不断提高产品质量和服务质量，为企业生产出最优质的产品。

### 五、培训和练兵

班组长要严格按照本组各岗位的操作规程和工艺要求，定期组织班组员工进行素质和技能培训，提高员工的操作技能，增强员工的质量意识，让员工在丰富多样的培训当中，在互帮互学的活动当中，不断提升自我。

### 六、安全防范

班组长要带领班组成员积极开展 6S 活动，围绕整理、整顿、清扫、清洁、素养、安全 6 个项目对员工进行教育，坚持安全第一，防范安全隐患和安全事故，和员工一起创造整洁有序、安全舒适的工作环境。

在企业里，即使经营层的战略决策做得再好，如果没有班组长具体落实决策和开展工作，企业的战略目标也很难实现。因此，处于企业中"兵头将尾"的特殊地位的班组长，只有认真履行自己的职责和义务，完成自己的使命，才能更好地推动企业的发展，更好地维护自己和员工的利益。

## 最优秀班组长的十种能力

能力与职位必然是相匹配的，有多大的能力，才能做多大的事。班组长作为企业基层的管理者，若是不具备这一职位所要求的各种能力，必然会被淘汰。那么，班组长需要具备哪些能力呢？

### 一、专业技术能力

专业技术能力是最基础，也是最重要的一种能力。班组长是企业的一线指挥官，其基础能力必须要扎实，才能够带领班组成员做好基层生产工作。优秀班组长必须具备的专业技术能力主要包括：

（1）较为丰富的生产和安全技术实践经验。

（2）与生产操作要求相适应的劳动技能。

（3）能够起到技术示范作用，在关键时刻能够解决难题的一些高难度技术。

（4）人员管理和生产管理能力。

（5）较好的判断决策能力等。

## 二、目标管理能力

班组长要具备良好的目标管理能力，才能指挥本班组员工朝着共同的目标努力。班组长需要具备的目标管理能力主要包括：

（1）将企业下达的总目标分解成较小的目标，并分配到员工手中。

（2）从主题、时限、数量等方面，设定先进可行的目标。

（3）在工作过程中对偏离目标的工作及时进行调整。

（4）不断地改进和提升，保证整体方向的一致性。

## 三、组织授权的能力

班组长作为基层管理者，需要具备管理者所应当具备的组织授权能力，主要包括：

（1）利用每个员工的特点进行任务分配。

（2）知人善任、用人所长，充分调动和发挥班组成员的积极性、主动性。

（3）适当授权、锻炼本班组的优秀员工等。

## 四、解决问题的能力

管理基层生产工作，必然要面临大大小小的各种问题。这就要求班组长必须具备解决各种问题的能力，包括：

（1）善于发现问题。

（2）敢于直面问题。

（3）找到问题的根源。

（4）提出解决问题的对策。

（5）采取有效措施，组织班组内全体成员共同解决问题。

（6）在化解矛盾和解决问题中实现新的突破等。

## 五、归纳和总结的能力

班组长必须具备的归纳和总结的能力主要包括：

（1）善于总结经验，提升自己的管理水平。

（2）简明扼要地总结各种会议的核心内容，便于员工有条不紊地执行。

（3）准确做到上情下达和下情上达等。

### 六、指导培养的能力

指导和培养能力是班组长有效管理员工，取得员工尊重和信赖的重要能力，主要包括：

（1）对员工开展业务指导，传授必要的知识及方法。

（2）及时发现员工的不足之处，有针对性地进行指导。

（3）解答员工在工作中产生的疑惑，帮助员工一起解决问题。

（4）定期组织员工参加企业举行的培训活动，并做好培训教育的总结工作等。

### 七、交流倾听的能力

与员工的有效沟通，需要班组长具备良好的交流倾听的能力，包括：

（1）倾听班组员工的真实想法、建议。

（2）鼓励班组员工。

（3）对于班组内的事务，组织班组员工进行民主商谈。

（4）善于疏通员工间的关系。

（5）善于疏导员工，化解员工的不良情绪，解决员工间的摩擦等。

良好的沟通协调能力能够帮助管理者融洽班组气氛、提高员工士气，构筑员工间良好的信赖关系。

### 八、激励减压的能力

生产管理过程中难免会遇到各种困难，导致班组个别或全体成员处于高压状态，士气低落。因此，班组长需要具备激励减压的能力，帮助员工增强自信、减轻压力。优秀的班组长不仅要善于激励员工，还要善于自我激励、自我缓解压力，以更饱满的精神领导员工。

### 九、自控和约束能力

管理者的情绪常常会影响同事和员工的情绪。班组长作为基层管理者，其情绪不仅会影响本班组的员工，还有可能会影响其他班组的班组长和员工。所以，班组长必须要有很强的情绪控制能力，及时控制自己的不良情绪，有效约束自己的不当或不良行为，严格自律。

### 十、幽默风趣的能力

幽默是一种人格魅力，能够有效地吸引别人亲近你，愿意与你愉快共事。幽默的班组长能够使枯燥的基层生产工作变得有趣，气氛变得轻松，使班组内的员工体会到工作的欢愉。适当的幽默不仅可以用在日常的气氛调节中，也可以用在批评下属的时候，幽默批评可以避免让下属感到难堪。

# 第二节　尽职尽责当好班组带头人

## 班组长要有老板心态

对企业老板而言，班组长是他们的下属，是企业的基层主管；对班组内的员工而言，班组长是他们的顶头上司，是他们的管理者。

企业老板一般都会希望自己的各级主管具有老板的心态，从老板的角度来看待企业的生产、经营、管理以及员工等问题。班组长作为企业的基层管理者，应该具备责任意识，具备老板心态和企业主人翁精神，明确企业发展的目标，增强自己的紧迫感，把企业发展的大任装在心里，把老板烦恼的事情当成自己的事情去关心，以全局思维、系统思维，尽心尽力地管理好、解决好企业的基层工作问题。

班组内的员工也希望自己的班组长能够尽职尽责地做好带头工作，遇到问题能够从大局出发，及时、有效地解决问题，不推诿、不退缩，勇敢地带领他们直面各种问题，解决各种难题，推动企业的发展，让员工能够因企业的发展而获得更多的利益。

班组长要用老板的心态带领好班组工作，需要做到：

### 一、关心任务、目标的完成情况

班组长要时刻关心企业下达的任务和目标的完成情况，积极主动地督促班组员工做好基础工作，完成接收到的任务，达成各项指标，实现分解目标和总体目标。

### 二、与时俱进地进行创新

现代社会充满了挑战，作为企业的班组长，要敢于迎接时代的挑战，在工作中不断学习、不断进步、不断创新，推动企业基层的生产发展。

### 三、鼓舞员工士气

班组长不能以无所谓的态度来管理班组成员，任凭班组成员不带一丝激情地工作。班组长要以老板的角度来看待员工状态对企业生产发展的影响，点燃员工的工作激情，建设朝气蓬勃、激情昂扬的高效团队。

### 四、关心生产成本

班组长要关心本班组的生产材料使用情况，避免物料浪费，管理好设施、设备，严格控制生产成本。

当然，以老板的心态来管理班组，像老板一样去操心、去管事所要做的远不止以上列出的事项。总之，无论是从有效管理的角度，还是从班组长个人职业生涯的角度来看，班组长都要有老板的心态，这样才能更好地做好班组管理工作，才能为将来当老板打下良好的心理基础。

## 班组长带兵的十个妙招

要成为最优秀的班组长，要带领班组成员做出更好的成绩，实现班组工作的效率最大化、质量最优化，保障员工的利益，创造更融洽的工作氛围。班组长带兵不能仅凭直觉盲目进行，需要掌握一定的带兵技巧。

### 一、敢于进谏

班组长不能一味地愚忠、盲从，不顾班组员工的利益和班组工作的实际情况，对于上层主管下达的一些不合理的命令、决策，不加判断地执行。只知道愚忠，不敢进谏的管理者是不可能取得员工的信任的。

面对上层管理者不合理的决策问题，班组长应当发挥好自己的带头作用，及时向上层管理者提出意见，耐心地与上层管理者进行沟通协调，在维护上层管理者尊严的同时，尽量让他们收回成命。

### 二、科学分配任务

班组长要根据每个班组员工的特点、特长，科学、合理地安排任务，让员工充分发挥自己的能力，让班组工作进展得更加顺利、高效。

### 三、提拔下属

没有人希望自己一直被埋没，尤其是那些才华出众的员工，班组长若是看不到下属的努力与才华，不能及时提拔下属，给他们制造晋升的机会，只会让下属变得悲观、消沉、不再努力，而自己也会失去下属的尊重和信任。

所以，优秀的班组长一定要懂得不断地为下属"制造机会"，提拔下属，帮助有能力的下属得到晋升，实现价值。

### 四、用人不疑

班组长要懂得合理分配任务，在任务分配出去之后，就应该放开手脚，不要事事参与，时时过问，要给员工足够的信任和宽松的环境。

当然，用人不疑不代表要完全放权，监督是必要的工作。适当的监督有利于及时纠正下属的错误，使工作开展得更加顺利。

### 五、信守承诺

言行不一、说话喜欢出尔反尔的班组长最容易失掉下属的信任。所以，班组长要想带好下属，千万不要轻易对下属许诺。如果承诺能够兑现，那么对下属肯定是有莫大的激励作用；但如果承诺无法兑现，那么这种承诺不但无法起到激励的作用，还会因此而失去信用。

### 六、为下属请功

班组长要有博大的胸怀，恢弘的气度。过分的虚荣心和表现欲，会严重挫伤下属的积极性。尤其是当下属或整个团队取得一定成绩的时候，班组长不能独占功勋，窃取下属的成果。一时的荣誉换不来长久的掌声和员工的拥护。作为班组长，有义务为下属请功，让下属获得表彰。面对鲜花、掌声、奖金，班组长要有退到幕后的胸怀和智慧。

### 七、尊重下属

"人有脸、树有皮"，班组长要懂得维护下属的自尊，尽量不要使他们当众难堪。当下属犯错或能力不足时，班组长要耐心教导，给予鼓励，帮助下属克服工作中的困难并建立起信心。只要设身处地为下属着想，下属自然会报以感激和忠诚。

### 八、赞扬下属

赞扬是一种精神激励，班组长要经常称赞下属，尤其是当着很多人的面称赞下属，让下属看到对他的欣赏和期待，让他们更愿意追随你，努力工作。

### 九、关怀下属

除了工作外，班组长还要关心下属的生活，当下属的倾诉对象，为下属排忧解难。关怀下属其实并不难，只需要嘘寒问暖；或者在下属的家人、亲友遇到喜事时，及时献上自己的祝贺；又或者是帮助下属解决一两件小难事，下属自然会通过加倍努力地工作来报答。

### 十、鼓舞士气

班组长要懂得把握时机，在班组士气低落或个别员工出现不良情绪的时候，鼓舞士气。另外，班组长更要懂得把控自己的情绪，做好自我调整，尤其是不能借题发挥，向下属发泄自己的不良情绪。如果无法控制自己，让自己保持从容镇定，那就很容易失去下属的向心力。

## 妥善处理与下属的矛盾

管理者与下属之间产生矛盾是很正常的事情，上下级之间难免存在一些不一致的想法、产生一些不愉快的事情，从而引起摩擦甚至是更严重的冲突。面对与下属之间的矛盾，班组长如果处理不当，就会加深鸿沟，使双方陷入困境。唯有积极面对矛盾、冲突，才能有效地缓和气氛，化解矛盾。

### 一、自我批评

班组长在处理与下属之间的矛盾时，要主动灵活一些。对于因自己的疏忽造成的工作失误，班组长必须及时地向下属承认自己的错误，并且认真道歉，以取得下属的谅解；对于因下属的问题造成的工作失误，班组长要认真了解情况，灵活处理。无论怎样，在矛盾发生时，班组长应及时进行自我批评，主动承担一些责任，给下属一个台阶，这是解决矛盾、化干戈为玉帛的好方法。

## 二、以理服人

班组长与下属之间产生矛盾时，班组长不能固执己见、坚信自己是对的，严厉斥责下属。班组长应当冷静分析下属的意见是否有可取之处，如果有，就要用宽广的胸怀和诚恳的态度，主动接受下属的意见；如果确实是下属的错，班组长就要针对他们的错误，耐心地晓之以理、动之以情，做到以理服人。

## 三、以柔克刚

班组中的员工性格各异，难免会有一些员工性格比较刚烈，脾气比较暴躁。如果和这样的下属发生矛盾，班组长要懂得以柔克刚，可以尝试先接受他的意见，再把他往正确的方向引导。一般这种脾气的员工都是心直口快的，对人也更为忠诚。班组长要耐心对待，让他更加忠于自己。

## 四、冷却处理

在发生冲突时，矛盾双方的心情都会非常激动。此时，班组长为避免自己和员工因失去理智而造成更加严重的后果，可以先将事情搁置起来，事后再慢慢考虑，认真分析下属的意见，然后选择恰当的机会，采取合适的补救措施。

## 五、寻找机会

班组长要寻找合适的机会，积极主动地找下属化解矛盾。一般下属遇到喜事时是最好的时机，如下属受到企业大会表扬的时候，班组长应该及时地为下属送去祝贺，趁着下属情绪高涨、精神饱满、心情愉悦的时候，主动找下属讨论、调节，让下属感受到诚意以及对他的尊重。

## 六、适度忍让

当与自己的下属发生矛盾时，班组长要把握好分寸和原则，适当地采取忍让的态度，尽可能避免正面冲突。当然，适度忍让并不意味着要妥协和回避矛盾。

总之，在解决与下属之间的矛盾时，班组长应该放低自己的姿态，积极主动地寻求和解，公平合理地对待员工，征求员工的意见或建议。

## 及时解决员工间的冲突

当班组员工之间发生矛盾时，作为班组长应当重视，及时处理争端，这是检验班组长能力强弱的重要方面。

### 一、及时沟通协调

班组长一旦发现员工之间存在冲突，应马上召集有关人员碰头，及时展开沟通协调工作，把握时机，积极引导，并适时协调。只有及时处理员工间的冲突，才能保证员工之间沟通顺畅，避免矛盾积累。

### 二、理解下属

当员工与别人发生冲突时，他们往往希望自己能够得到理解。所以，班组长要想做好协调工作，需要给予他们适当的理解，让他们更加信任自己。

### 三、查明冲突根源

冲突的产生需要导火索，但导火索往往不是问题的根源所在。班组长应当深入了解事情的真相，从问题的根源出发，着手解决，这样才能彻底化解员工之间的矛盾。

### 四、建立支持性框架

有时对员工双方面对面的沟通，一次仍不能彻底解决冲突，还必须建立支持性框架，来推动双方的和解，如约定下次面对面沟通的时间、内容、要解决的问题等。

班组长在对双方进行沟通时，要反复说明，如果这次沟通后，仍然不能解决任何问题，会给企业带来哪些负面影响，而当事者双方又必须对这些消极后果负哪些责任。同时，要告诉双方必须为改善冲突做些什么；到了下次沟通时，要说明具体的冲突改善结果、进程和时间表。

### 五、公平处理

有时员工之间的冲突比较激烈，班组长在做处理时，一定要体现出公正、公平，不偏不倚，一碗水端平，既不能带有任何主观色彩，偏听偏信，又不能偏袒一方。否则会使争执的一方不满，而使冲突更加激化，甚至"战火"还可能迅速烧到自己身上，使局面更不好收拾。

### 六、及时跟进

解决完员工间的冲突问题之后，班组长还要做好后续工作，从各方了解后续反应，及时跟进员工的情况，观察员工是否冰释前嫌。必要时，还要出面协调。

## 如何与班组成员进行沟通

班组长要想成为优秀的管理者，获得更大的进步，必须学习与下属沟通的方法。和下属进行沟通是不可避免的，只有保持与下属间和谐融洽的关系，才能够保证班组团队充满凝聚力。要与班组成员进行有效沟通，班组长需要掌握一些沟通技巧。

### 一、主动了解班组成员的个人信息

班组长要主动了解员工的个人信息，包括员工的性格类型、工作情况、心理情况等。了解员工的个人信息可以通过以下几种方法：

1. 与员工面对面交流

面对面的交流是最直接、最能反映真实情况的了解途径。班组长可以通过各种正式或非正式场合，利用闲聊、联欢会、内部活动等方式与员工进行面对面的交流。

2. 通过其他人间接了解

班组长可以通过与该员工接触过的人，包括班组内的其他成员、其他组成员、该员工的朋友或者是该员工的前任上司等，间接了解员工的情况。当然，这种间接了解所获得的信息，班组长只能将它作为一种参考，不能全信。

3. 参考员工工作情况记录

班组长还可以参考员工过往的工作情况记录，了解该员工的工作情况、工作态度等。

4. 让员工进行自我评价

班组长可以通过某种活动，让员工记录自己的特长、工作情况、兴趣、忌讳等多方面内容，并做出自我评价。

## 二、与班组成员平等交流

由于职位上的差异，班组成员往往会对班组长抱有畏惧心理。班组长要想和员工进行良好的沟通与交流，就要懂得放下自己的姿态，以亲切的面孔、真诚的态度、平等的心态和员工进行朋友间的交流。

班组长在与员工进行平等交流时，还要注重方法的变通，方法正确才能减弱或消除班组成员的戒备心理，实现与员工间的良好沟通。

## 三、解决员工的合理需求

班组长要及时了解并尽力解决员工的合理需求，可以通过建立直接上报渠道的方式，让班组成员知道，如果自己有了紧急却又是合理的要求时，可以直接反映，甚至是当面提出；也可以通过放置信箱的方式，让班组成员将自己的需求写出来，班组长要安排专人定期负责汇总员工的信件并上报。

只要班组成员的需求没有损害企业的发展，没有影响工作的顺利开展，没有对大多数员工造成损害，班组长在酌情考虑后，应及时做出反应。对于班组成员不合理的需求和暂时无法满足的需求，班组长也应该及时告知他们拒绝的理由。

## 四、尊重班组成员

班组长尊重每一位班组成员的个人生活和工作习惯，只要他们的习惯对班组的工作没有负面影响；在布置任务时，班组长不能颐指气使，不能以命令的口吻要求员工；与员工商讨时，班组长要尊重员工的思考，正确对待员工的异议，切忌傲慢自负，挖苦员工。

# 做一个复合型班组长

每一位班组长的知识结构都不相同，有的班组长知识面宽，但是掌握的知识都不精；有的班组长知识面窄，却在某一方面非常有造诣。无论何种，都具有一定的优势，也具有一定的局限性。

要想成为最优秀的班组长，应该注重自己知识面的纵横发展，努力让自己成为"纵向精、横向通"的复合型管理人才。所谓复合型班组长，总结起来就是：懂技术、会管理、能协调、善文笔。这是最起码的标准，也是最高标准。

## 一、懂技术

这里的技术包括：管理技法、产品工艺技术和标准、产品结构性能强化方法、产品质量检验方法和技能、产品质量改进技能等，这是班组长必须要掌握的一系列专业知识和技能，了解得越多，掌握得越好，班组长的技艺就越精湛。

## 二、会管理

班组长要根据企业制定的管理制度，结合所学的管理学原理、各种相关标准和法律法规等，针对本班组的具体情况，制定出合理的管理条例。条例的制定要符合班组和企业具体情况的需要，要具有可行性，要适合生产和发展。班组长要努力让合理的条例规定形成班组独特的文化。

## 三、能协调

班组长要充分掌握各种交际能力、应变能力，以"外交家"、"公关部长"的能力来严格要求自己，让自己懂得与各式各样的人打交道，游刃有余地协调各方关系，热情、谦虚、能言、善谋地联系各个单位。

## 四、善文笔

除了各种交际技能和专业技能外，班组长还要善于总结经验，努力做到"提笔成文、登台能讲"。所做的总结思路要清晰、语言要流畅，最好要有出众的文采。学识和修为是管理者的个人魅力所在。在面对组员，面对上司，面对各种场合、各种人群时，管理者若能从容不迫、清晰流畅地陈述自己的观点，定能赢得班组成员、上司等人的尊重和赏识。

 **经典案例**

### "兵头将尾"好班长

王明忠，1996 年 4 月被分配到铁路运输公司工务段，一直从事养路工作，面对艰苦的工作环境，他勤奋上进，艰苦奋斗，一直伴随着铁运公司的成长，任劳任怨。

在每年进行的线路大修和捣固机集中上线作业时，他早出晚归，为工作废寝忘食，对连续十几个小时的生产线作业从来没有一句怨言。他不畏严寒，冬天在刺骨的寒风中抽查、养护铁路；他不怕酷暑，在轨面接近50摄氏度的高温下勤勤恳恳地作业。当线路出现问题时，他总能以最快的速度赶往现场直到解决所有的问题才离开。

某一次的货场改扩建工程中，在时间非常紧张、标准非常高的情况下要完成繁重的任务，可谓是困难重重。但他义无反顾地带领着员工顶着零下7度的严寒保质保量并提前完成了上级下达的轨排铺设任务，不得不令人感叹，作为一名养路工长，他时时刻刻以身作则，苦活累活抢着干，从不计较个人得失，为员工做出了榜样。

铁运公司工务段一工区位于青海省民和县的享堂村，工作条件非常艰苦，生活比较单调。他感觉到班组成员在思想上的波动，于是一方面积极做员工的思想工作，另一方面则利用现有的条件组织和带领员工在工区种草、种树美化环境，并通过积极为员工配备乒乓球、羽毛球等娱乐设施，改善了员工的工作学习环境，使员工安下心来踏实工作。

在他的带领下，铁运公司工务段一工区年年都能出色地完成线路养护任务，确保了铁运公司安全运输生产。连续被窑街煤电集团公司评为"文明班组"，2004年还被窑街煤电集团公司树立为"文明班组"标兵，王明忠同志也多次被窑街煤电集团公司和铁运公司评为"优秀班组长"。

但是王明忠从来都不会骄傲自满，而是更加虚心学习各种先进的理论知识，他会在空闲时间阅读《技规》、《工规》、《铁路线路维修规则》、《铁路工务安全规则》等有关书籍。

他充分地利用班前会和班后会，教育员工要坚持"安全第一、预防为主"的原则，并对员工进行能力的培训，不仅提高了员工的事故防范能力，还增强了员工的安全意识和业务技术水平。

王明忠同志始终以身作则坚持标准化作业，自工作以来自己从未出现过一次违章，未发生过一起事故。他还积极配合公司、段、班组三级组织认真做好安全监督工作，热心向周围的员工宣传安全作业知识，及时制止、纠正"三违"现象，多次被评为"安全生产先进个人"、"先进群监员"、"优秀青年安全监督岗岗员"。

　　工作中他是一个严谨的班组长，在生活中他却是热情、真诚、乐于助人的。只要员工有困难，他都会尽自己的全力去帮助。十几年来，王明忠同志始终坚持着兢兢业业的工作态度和勤奋严谨的工作作风，在养路工这个平凡的工作岗位上实现着自己的人生价值，让公司和员工都俯首称赞，他连续多次被集团公司、铁运公司授予"安全生产先进个人"、"优秀班组长"、"优秀共产党员"、"优秀团干部"等称号。王明忠严于律己、埋头苦干、刻苦奉公的模范行为，为大家树立了一面"兵头将尾"好班长的旗帜。

# 第二章 班组管理的基础：夯实基础，把握管理核心

## 第一节 以人为本才是班组管理的核心

### 人是班组管理的根本

班组是企业各项工作的第一线，班组内每一位员工的地位和作用必然会被首先体现出来。因此，在班组管理的过程中，班组长要把人作为管理的第一要素贯穿始终，加强"以人为本"的观念建设，努力激发和调动人的主动性、积极性、创造性。只有这样，才能够做到人尽其才，才尽其用，让每一位班组员工的能力得以充分发挥，共同创造班组效益的最大化，实现人与班组的共同发展。

班组长要以人作为班组管理的核心，需要做到：

**一、尊重员工**

以人为本建立在对人的理解、信任和尊重上。班组长要懂得尊重员工，不仅要尊重员工的人格尊严，还要尊重员工的劳动、知识和创造。满足员工的尊重需求，才能够让员工充满自信和热情地投入到工作中，实现自身的价值。

### 二、懂得换位思考

不同身份、不同处境的人，思考的角度和方式是不同的，观念上的分歧也就必然存在。班组长要做到以人为本的管理，就要多做换位思考，经常设身处地地站在员工的角度看待问题，理解员工对一件事情的具体想法和他们觉得恰当的处理方法，然后做出权衡，尽量使班组和员工双方的利益达成一致，实现管理决策的最优化。

### 三、关怀员工

交流是理解和关怀员工的最佳方式，班组长要放下架子，多和员工交流，了解员工内心的真实感受和想法，为员工排忧解难，在彼此之间建立一种不是亲人、胜似亲人的关系。关怀员工，不仅要从员工的工作方面入手，还要注意关怀员工的日常生活。只有这样，才能够让员工真正体会到班组长对自己的重视，在工作中提高与班组长的工作契合度和效率。

### 四、注重员工的全面发展

帮助和推动人的全面发展，最根本的是要提高人的综合素质，包括教育水平、文化品位、精神追求和道德修养等。班组长要帮助员工做好一段时期的成长规划，要加强对员工的指导和培训，重视员工业务能力的提高，重视员工的心理健康，做员工职业生涯的指导者。

### 五、营造和谐的班组工作氛围

班组长要营造和谐的班组工作氛围，提高员工爱岗敬业、热爱班组的意识，让员工从内心深处体会到工作的成就感和归属感。只有这样，员工才能够以更加快乐、积极的心态去工作，去追求更大的进步和提高。

## 与现场工作人员有效沟通

班组长的合理角色是一个协调与管理者。班组长的工作就是接受任务，然后做好工作计划，按照任务的轻重缓急，整合人力、物力、时间，组织班组员工协作完成。在布置任务、协作完成的过程中，班组长最重要的职责就是要做好与现场工作人员的有效沟通。

与现场工作人员进行有效沟通不仅是班组员工有序、高效、顺利完成工作任务的重要保证，也是班组长鼓舞员工、提升员工士气的重要途径。

班组长要做好与现场工作人员的有效沟通，需要注意的是：

## 一、明确沟通内容

有效沟通的前提是沟通者要明确自己想要与对方进行交流的内容。班组长组织现场工作人员作业，与现场工作人员进行沟通的主要内容包括：

1. 沟通工作要求和计划安排

班组长要明确告知现场工作人员正要开展的工作具体要求以及目前设定的计划安排。让现场工作人员明确自己工作的方向、标准以及基本流程、进度，以便更好地开展工作。

2. 沟通所需要解决的问题以及解决问题的策略

当现场工作出现问题时，如某种产品质量不合格、某项工序不合理、某个设备出问题、某种物料不足等，班组长要及时与现场的相关工作人员进行沟通，明确问题所在，共同商讨解决问题的办法，并当机立断地组织员工采取有效的解决措施。

3. 沟通员工的工作情况

班组长要随时了解、监督现场负责各部分工序员工的工作情况，当发现问题时，要及时对员工进行指导、示范，及时纠错纠偏。

4. 沟通安全问题

安全是工作开展的第一要素，班组长要和现场工作人员做好安全问题的沟通，明确安全措施是否到位，检查设备安全问题，并反复强调要避免安全事故的发生，提高全体现场工作人员的安全意识。

## 二、注意沟通的基本原则

1. 以问题为导向

沟通是为了实现一定目的，或是为了解决一个问题。所以，班组长在与现场工作人员沟通时，要以问题为导向，采用最有利于问题解决的方式和手段与员工进行沟通。

2. 对事不对人

班组长与员工进行沟通时，要注意就事论事，对事不对人。尤其是当员工出现失误时，班组长要采用描述方式而非评价方式进行沟通，不要夹杂太多对员工的评价，不要因为一件事而否定一个人。

3. 让员工听得懂

班组长与员工沟通时要讲大实话，语言要简练易懂，要让员工能够清楚理解。另外，作业的可操作性比较强，特别是对新员工而言，所以班组长除了要讲给员工听，还要示范给员工看，并要求员工现场做一遍，然后再进行确认和纠正。

**三、掌握沟通技巧**

1. 善用肢体语言

沟通不只包括口头表达，有时肢体动作的效果比语言本身效果还要好。班组长与现场工作人员进行沟通时，要善用自己的肢体语言，可以利用肢体示范指导员工的作业，也可以利用肢体动作提升语言的感染力，激励员工。

2. 善于倾听

说话的过程是传达信息的过程，倾听的过程是收获信息的过程。班组长在与现场工作人员进行沟通时，要善于用耳朵、用心去倾听员工所说的话，正确把握员工话语中的核心内容。

3. 尊重员工

班组长想让员工尊重自己，就要先尊重员工。对员工讲话时，要对事不对人，保持公平公正。

4. 多提建议，少提主张

班组长与员工进行沟通时，要多提建议，少提主张，避免以官腔压人。

5. 适当反馈

在员工和自己讲话时，班组长要做出适当的反馈，让员工知道你在听他讲话。另外，班组长要慎用负面反馈，特别是在作业现场，工作人员比较多，班组长要注意自己的言辞，少用批评。

6. 做事先准备

班组长在传达作业要求、规则制度、安全事项等事情时，要先理清思路，再简洁明确地传达给现场作业的员工。

7. 多一些幽默

一般而言，员工在工作中都感到很累，班组长就要在小事情上多一些幽默，给员工枯燥的工作生活添一点润滑剂。但要注意谨言慎行，不说没把握的话，不承诺做不到的事。

## 现场工作规则的宣导与维持

现场工作规则是指为完成现场的生产目标，维持生产现场良好秩序所必须遵守的约束。现场工作规则的制定是为了确保班组员工的现场作业能够安全、有序、顺利地进行，班组长要做好现场工作规则的宣导与维持，确保工作规则制定的意义得以实现，确保班组成员都能够按照合理的工作规则作业，提高作业效率和作业质量，保证作业安全。

### 一、现场工作规则的内容

班组长要做好现场工作规则的宣传，现场工作规则的内容主要包括：对现场工作人员的着装要求、言行要求、时间规律、工作态度要求、事前约定的事、工序要求、产品规格要求、设备使用要求、安全注意事项等。班组长要将相关的工作规则明确地传达给现场作业的员工，让员工谨记作业规则，避免因违规造成不良后果。

### 二、员工不遵守现场工作规则的表现

常见的员工不遵守现场工作规则的表现包括：

（1）员工偷懒，工作没干劲。

（2）员工不按指示去做，同样的错误重复发生。

（3）违反现场工作的着装要求。

（4）员工对迟到习以为常。

（5）没有对现场生产工作进行总结。

（6）对是否能够完成生产任务并不关心。

（7）忽视现场工作的安全规范。

### 三、改正员工不遵守规则的方法

班组长在了解员工不遵守现场工作规则的情况后，要采取必要的对策，纠正员工的行为，营造更有生气、更有效率的生产现场氛围。

1. 班组长引导

班组长要在现场工作中起到榜样示范的作用，自己先熟知并严格执行现场工作规则，身体力行地引导班组员工也遵守现场工作规则。

2. 对作业进行明确说明

班组长要着重讲解员工作业的5W1H，对员工做什么、哪些人去做、为什么这样做、在什么时候做、在什么地方做、怎样做等进行详细说明，让员工明确自己的任务。

3. 信息交流

班组长要做好生产现场必要的生产情报的交流，最好采用相互交流的方式，避免单向交流造成的信息不完整，无法达到应有的效果。

4. 评价工作结果

班组长要让班组员工定期进行工作结果的汇报，看是否符合期待的结果，为提高成果，有必要对成果进行公平、积极的评价。

### 四、维持现场规则的方法

班组长可以通过以下方法维持现场工作规则：

1. 明确管理机能

班组长要明确自己的管理机能，主要包括：计划机能、组织机能、调整机能、命令机能、统制机能等。

（1）计划机能。

班组长要做好现场工作计划，明确各小队所要负责的工序，并明确每个班组员工应该负责的事。

（2）组织机能。

班组长要明确组织内的责任和权限，明确班组员工各人所担当的工作和责任。

（3）调整机能。

班组长要时刻注意生产状况异常或变更的发生，从最恰当的要求出发，调整、修正生产计划。

（4）命令机能。

班组长要对班组员工下达明确的指令，让班组员工明确理解、接收工作的内容，积极地投入工作。

（5）统制机能。

班组长要从整体上把握班组生产目标、计划和实际成果的一致性，明确实际成果没有达到预期目标的原因，并采取适当的解决措施。

2. 开展 5S 活动

班组长要组织班组员工开展 5S 活动，即整理、整顿、清扫、清洁和素养，让班组的现场作业更加井然有序，并提高员工的教养，以此来营造员工遵守现场规则的氛围，确立维持现场规则的基础。

3. 强调生产指令的遵守

班组长要反复强调生产指令，让员工遵守生产指令，主要包括：

（1）明确生产的目的。

（2）明确交货日期。

（3）具体地说明生产项目。

（4）告诉员工生产中应采取的必要手段。

（5）明确指示"要严格遵守"的要点。

（6）要求下属对指示、命令的内容做好记录。

（7）要求员工如实报告工作内容。

（8）生产进度慢了或异常发生时，要求员工迅速报告情况。

## 做好员工的 OJT 训练

OJT 训练即在职训练，它是指在生产现场对员工进行教育、训练。这是班组长训练下属最常用且最有效的方法。OJT 训练的实施步骤主要包括：

### 一、确定受教育者

首先，班组长要列举完成生产现场的各种作业所需要的能力，包括与作业有关的知识、作业的顺序、作业的要点、应该达到的品质水准、作业速度、作业后的检查要点等；其次，班组长要根据这些能力的要求对现场作业员工进行评价，找出其必要能力和实际能力之间的差距，确认现场作业员工的能力不足之处；最后，班组长要将该员工确定是否为需要接受该项能力训练的受教育者。

**二、准备教材**

班组长要根据作业者必要能力和实际能力之间的差距，编制作业指导书，将作业标准以文件的形式表现出来，正确指导员工从事某项作业。

作业指导书要明确作业要求的 5W1H：

（1）作业名称，告诉现场作业员工要做的是什么。

（2）作业时间，告诉现场作业员工什么时候开始作业，在哪道工序前或哪道工序后进行以及作业截止时间。

（3）作业人，告诉现场作业员工，该项作业由谁去做。

（4）作业地点，告诉现场作业员工在哪儿做。

（5）作业目的，告诉现场作业员工为什么要这么做。

（6）作业方式，告诉现场作业员工所用工具、作业方法以及关键要点等。

**三、进行实际作业指导**

班组长要对员工进行实际的作业指导，一般按三个步骤进行：

1. 对作业进行说明

班组长要询问员工对作业的了解程度，然后着重讲解作业的 5W1H，还要对作业的意义、目的以及质量、安全等问题加以说明，尤其是要重点强调安全方面的内容，使安全问题可视化，即应用标识、警示牌、标志杆、电子记分牌、大量的图表等来标识安全问题。

2. 对作业进行示范操作

班组长要自己示范一遍，然后让员工跟着操作。在示范时，班组长要详细说明每一个主要步骤和关键之处，还要抓住重点进行作业指导。

3. 观察指导员工的操作

班组长在示范过后，要让员工自己尝试操作，并注意观察对员工的现场操作，随时纠错纠偏，对其操作不符合要求或不规范之处进行指导。

班组长对员工进行 OJT 训练，要注意计划性和持续性，重点培育下属的实际操作能力，要坚持从基础学起、从简单学起的原则，规范员工的实际操作行为，让员工奠定扎实的基础技能。

## 做好新员工的培训

新员工刚入职，一般对本班组的业务知识、业务技能、人事管理、工作规则等都不熟。为了让新员工能够更快、更好地适应班组的工作，尽快赶上班组的工作进度，提高新员工的工作能力，班组长要做好对新员工的培训工作。

培训新员工，班组长需要做好以下工作：

### 一、了解新员工的情况

班组长要培训新员工，需要先了解新员工的情况，根据新员工的不足，有针对性地进行培训。一般新员工都会出现以下 10 种情况：

（1）不能正确地使用礼貌用语，在通道上和上司、客人擦肩而过也不打招呼。

（2）不懂得与上司交流的方式，只能机械性地附和上司的问话。

（3）对工作场所的礼仪不了解。

（4）不能做实际事务，尤其是刚毕业的学生。

（5）不了解开会要求，开会时随意和旁边的人说话。

（6）心理承受能力差，一旦受到斥责，就容易变得消沉或采取极端方式进行反抗。

（7）对不熟练的作业，仅凭自己的一点经验和知识就去做。

（8）不知道工作结果的报告方法、异常时的处理方法。

（9）容易埋怨别人，容易骄傲，不懂得自我反省，也不懂得总结经验教训、采取有效措施防止相同错误的再次发生。

（10）不知道团队如何协作等。

## 二、采取有效的教育方法

（1）应以新员工为对象制作简单的教育手册，教育内容以公司的组织、职场的礼仪为中心。

（2）在新员工入厂时就进行教育，还要做好追加教育的准备，对新员工完成得不理想的教育项目继续进行教育。

（3）在日常的工作中，班组长要及时纠正新员工不符合要求的事情，不要留待事后处理。

## 三、明确对新员工教育的内容

### 1. 礼节规范

班组长要告知班组成员上下班礼节、饭桌礼节、职场礼仪规范等。

### 2. 遵守服装规则

班组长可以通过言语描述或者图像描绘、老员工示范等方式，告知班组新员工各项现场工作的着装要求。

### 3. 遵守时间规则

班组长要告诉新员工上下班的时间，让他们严格遵守上下班时间制度。另外，班组长要明确强调请假制度。

### 4. 言语措辞

班组长要教导员工敬语的使用方法，将敬语用在对上司的言语措辞中。

### 5. 行为规范

班组长要教导新员工一系列的行为规范，包括在通道和生产场所不要跑动，应整齐有序地放置材料和工具等。

### 6. 行为习惯

班组长要教导员工养成必要的行为习惯，如遇到问题主动向上级请示、报告等。

### 7. 理解后再动手

班组长要教导员工在充分理解上司指示的事情后再动手做事。

### 8. 严格依据作业指导书作业

班组长要教导员工以作业指导书为依据，严格按照作业指导书的规范进行作业，努力学习，提高自己的作业水平，迅速让自己成为能独立工作的作业者。

## 进行多能工训练

由于班组生产中经常出现员工缺勤、请假，频繁变动流水线的编成以及生产计划变更等情况，这就使得多能工训练成为了班组管理不可缺少的教育课题之一。班组长必须培养班组员工具备多项技能，以便在紧急情况下能够快速适应岗位变动，让企业能够根据客户的需求和市场的变化，随时调整生产布局，变更生产线和增减生产人员，实现生产价值最大化。

**一、班组训练多能工的操作方法**

（1）制定多能工训练计划表，按计划先后逐一进行作业基准和作业指导书内容教育、指导。

（2）安排学员参观作业员操作，加深员工对作业基准和作业顺序教育内容的理解。

（3）安排学员进入相应工程与作业员工一起进行实际操作，以提高作业准确性和顺序标准化，掌握正确的作业方法。

（4）安排学员单独作业，使其快速并熟练地掌握作业技能，提高作业稳定性，基本实现与该项作业的作业员同等的作业速度和作业质量。

（5）考核学员的训练效果，检查学员的作业方法、作业顺序、成品质量、成品规格等是否达标。

**二、班组长的任务**

1. 更新员工观念

班组长在培养多能工前，要做好员工的思想工作，消除员工安于现状、不愿意冒险的观念。让员工认识到学习新技能的重要性，解决观念更新问题。

2. 制定多能工训练计划表

当班组长和员工达成共识后，班组长要根据具体情况，制定换岗培养进度、验收合格标准、岗位训练目标等，形成多能工训练计划表。

3. 合理安排培训时间

在训练时，有时为了避免影响正常的生产活动，班组长需要合理安排换岗的训练进度和训练时间，以达到设定的目标。

4. 适当安排学员工作量

由于多能工学员需要掌握的技能较多，班组长在给他们分配工作时，可以适当减少一些工作量，让他们有时间灵活地解决问题。

5. 提升各组员工的凝聚力

班组长要促进各组之间的交流，提升各组员工的团结感和凝聚力，让员工之间互帮互助，加强换岗员工之间的相互学习。

多能工训练不仅有利于企业的发展，有利于员工个人的发展，也有利于班组长的班组管理。它是班组长进行以人为本的班组管理的重要管理方法，是重视员工多方面能力提升的体现。多能工训练能够有效解决班组管理中员工技能短缺的问题，也能够增强员工对班组长的信任与感激之情。

## 做好岗位交接

岗位交接管理是班组管理的一项重要内容，班组长做好岗位交接管理的目的是让各个岗位工作衔接得当，确保生产工作安全、有序地进行。

**一、岗位交接的主要内容**

1. 生产报表

交班组长要将班组生产的产量报表、不良品汇总统计表等生产报表交接到接班组长的手中。

2. 设备状况

交班人员要确认好设备的数量和运行情况，并明确告知接班人员，接班人员要做好检查、确认工作。

3. 工艺质量

交班人员在交班前要控制好工艺指标，明确本班出现质量异常的情况以及解决质量异常的对策措施和效果。接班人员要检查和确认好本班的工艺质量。

4. 安全生产情况

交班人员要明确记录本班出现的异常和不安全现象，正待处理的安全隐患。接班人员要认真检查并确认这些隐患，并做好处理准备。

5. 现场 5S

交班人员要做好现场的设备、场地清洁、安全整理工作，对接班人员进行检查和确认。

6. 信息传达

交班人员要做好公司、部门会议精神、会议信息以及临时生产计划的传达工作，接班人员要做好信息确认工作。

**二、岗位交接的要求**

1. 对交班者的要求

交班者在交班前要为下一班生产准备好物料和工具，保持工作场地的卫生清洁等。在接班者到岗后，要为其详细介绍本班的生产情况，认真解释事故事项。交班者要坚持"三不交"原则，即接班者未到不交班，接班者没有签字不交班，事故没有处理完不交班。还要坚持"二不离"原则，即班后会不开不离开车间，事故分析会未开完不离开车间。

2. 对接班者的要求

接班者要在接班前 30 分钟到达生产现场，详细了解现场生产情况，对各种生产项目仔细地检查两遍以上，如果没有发现异常情况，就在操作记录上签字，并及时进行接班工作的开展。接班者要坚持"三不接"原则，即岗位检查不合格不接班，事故没有处理完不接班，交班者不在不接班。

# 第二节 建立班组建设的长效机制

## 强化班组长效机制建设

班组的长效机制对于班组建设起着提纲挈领的保驾作用，它是保障班纪健康发展的根本，具有稳定性，但并非是一成不变、一劳永逸的制度体系。班组的长效机制需要随着时间、生产条件和市场需求的变化而不断完善和发展。因此，班组长要不断强化班组长效机制的建设。

**一、班组长效机制的含义**

班组长效机制是指能够长期保证班组建设健康有序并发挥预期功能的制度体系，它是班组全体成员在执行班组规章制度系统过程中形成的相互作用、相互制约的关系。

**二、班组长效机制的特点**

1. 规范性

班组长效机制作为保证班组建设的制度体系，其各项制度、办法或规程都是规范健全的。班组长效机制的规范性主要表现在：首先，其各项制度切合班组的实际，符合班组科学管理的要求，符合以人为本的要求；其次，制度执行的过程规范透明。

2. 稳定性

班组长效机制的制度制定遵循系统性原则，具有相对稳定性，具有一个较长时期的整体目标，且能正常运行。它既不会影响人的行为判断的准确性，也不会使整个长效机制的权威性受到严重挑战。

3. 长期性

管理的效果往往需要时间来验证，这就要求班组长效机制的目标和原则必须能够长期起作用。

### 4. 执行性

要使一个好的机制长效化，就要有强有力的执行力。班组长效机制的一系列制度必须被强有力地贯彻执行，这样才不会导致整个管理系统的瘫痪。

### 三、强化班组长效机制

#### 1. 建立学习机制

学习是班组确立的优势，是保证长效机制的核心竞争力。现在的市场竞争归根结底是人才的竞争，班组要想提升自己的竞争力，保证长效机制的长期有效运行，就必须建立学习机制，提升班组成员的整体素质，增强班组的竞争力。

#### 2. 考评激励班组成员

激励班组成员，是留住班组成员的一种手段，是推行长效机制的动力。为了加强班组成员对学习的积极性，班组长要将班组成员的能力提升与上岗、转岗、职务聘用、职称评聘、工资待遇、奖惩等紧密联系起来，通过各种能力考评，激励班组成员。

#### 3. 持续改进长效机制

强化班组长效机制建设最有效的途径就是持续改进，不断优化。随着时代的发展，坐享其成、一劳永逸的机制是不存在的。班组长只有持续改进长效机制，才能使长效机制具有长久的生命力。

## 构建班组争创机制

激烈的市场竞争、岗位竞争必然要求每一位岗位工作人员不能安于现状、止步不前。为完善班组的建设和发展，帮助班组成员提升自我，班组长需要为班组成员提供竞争的平台，鼓励班组成员争优创先，构建班组争创机制，在班组内形成事事争优、样样创先的良好竞争氛围。

### 一、创办争创主题活动

班组长可以在班组内广泛、深入、持续地开展争优创先活动，将争优创先活动嵌入到班组的特色文化当中，在班组内形成良性竞争，让班组成员在争优创先中既享受活动的乐趣，又享受共同成长、共同进步的喜悦。

**二、建立目标责任体系**

既然是竞争，就必然需要建立明确的目标。因此，班组长要在班组内建立目标责任体系，将班组建设和发展的目标，同班组员工发展的目标紧密结合，并在每一次的争创主题活动中建立明确的活动目标，让班组员工有目的、有方向地争优创先，不因盲目而丧失了争创的动力。

**三、严格推行绩效考核**

班组内部要严格推行绩效管理制度，以工作结果和业绩说话，并将绩效考核情况与每年度的"先进个人"、"优秀团队"等年终评定挂钩，用严格的绩效管理推进班组建设，调动班组成员的工作积极性和整个班组的执行能力。

**四、加强工作质量控制**

班组长可以组织班组成员广泛开展 QC 活动，贯彻"以工作质量为中心"的原则，推行全过程质量控制，倡导标准化作业和准军事化作业。通过培养员工责任心，加强监督，提醒班组成员牢固树立质量第一的理念，在无形中推动员工不断争优创先。

**五、倡导岗位技术创新**

班组长可以倚靠科技手段，创新工作方法，以各种争创活动助力班组建设，在班组成员中大力倡导岗位技术创新，充分挖掘班组内青年员工的创新、创效优势。在平时的班组工作中，班组长还要经常鼓励班组成员从工作实际出发，通过科技项目的实施和 QC 活动的开展，改进工作方法，更新技术设备，改进生产工艺，解决实际工作问题，以技术、产品、工艺的创新，不断助力班组发展。

# 构建班组绩效管理机制

绩效管理是一个学习、改进、控制、提高的系统工程，它通过持续的、动态的、双向的沟通，提高个人和组织的绩效，实现企业发展的目的，也促进员工的发展。班组绩效管理，就是通过有效的绩效管理机制，促进班组的发展，提升班组成员的能力。

　　构建班组绩效管理机制，需要坚持绩效管理机制的三大核心，即"三公"、"两激励"、"一透明"。这三大核心全面而又准确地体现了以人为本的管理要求。

**一、坚持"三公"原则**

　　"三公"即公正、公开、公平，它是绩效管理的基础，是保持班组活力的根本。

　　1. 制度要公正

　　班组绩效管理制度覆盖了班组工作的方方面面，它必须具有同一性和完整性，不能随便因人、因时、因事而变化。制度的制定要秉持公正的原则，绩效考核应以公司考核条例为基础，结合班组工作实际，对各项考核标准逐一细化量化，准确定义各项绩效考核项目，做到标准、程序规范统一。考核的范围和各项分类考核的比例要合理、明确，以岗位责任考核为主，即对安全、生产、培训、班组建设、文明生产等方面进行考核，并重视对班组成员精神文明和能力素质的考核。

　　2. 过程要公开

　　过程要公开主要包括班组成员完成工作的过程要公开，以及班组绩效考核的过程要公开。公开班组成员完成工作的过程，能够使班组成员既了解自己的业绩，也知道别人的业绩，通过对比，从更客观的角度发现自己的优势和不足，从而确定努力的目标。公开班组绩效考核的过程，能够使班组成员了解绩效考核的程序、项目、评价标准、考核执行情况等，监督绩效考核的整个过程，确保绩效考核公平、有效。

　　3. 评价要公平

　　"内举不避亲，外举不避仇"，班组长在绩效考核过程中，要秉承公正的心，公平、客观地评价每一位班组成员的绩效，尽量在班组成员充分讨论、达成一致的前提下实施班组绩效评价，以班组长的管理机智、充分的民主，结合企业的有关制度，实现绩效评价的公平。

**二、坚持"两激励"原则**

　　"两激励"是指即时激励和人本激励两种激励方法。构建长效的班组绩效管理机制，班组长应充分利用"两激励"。

**1. 即时激励**

即时激励是营造良好的外部环境，帮助班组成员明确行为风向标，养成良好习惯，激发班组成员创造性的有效方式。班组长要善于发现班组成员的优点，及时激励他们，塑造高绩效的班组，培养高绩效的人才。

**2. 人本激励**

人本激励要求班组长多给予班组成员积极、正面的肯定，在表扬班组成员时，要做到对事也对人。

**三、坚持"一透明"原则**

"一透明"即绩效考核的全过程要透明，包括任务透明化、岗位职责透明化、工作流程透明化、资源分配透明化等。考核全程透明化是实现绩效考核公正、公开、公平的重要保障。

班组长作为绩效管理透明制度的执行者，要切实做到绩效透明管理，使得绩效管理过程变成全员参与制定、全员参与修改完善的过程，让绩效考核的过程和情况被每一位班组成员所了解和熟知，并让他们心服口服。

## 构建人员能力提升机制

员工的能力是员工产生高绩效、企业产生高效益的重要保障。班组作为企业基层，员工人数众多，所承担的任务比重也相当大，因此，提升员工能力便成为班组管理工作的重中之重。提升员工能力，需要构建人员能力提升机制，对班组而言，最行之有效的就是建立培训机制。

**一、员工培训的作用**

员工培训在班组管理、人员储备、解决班组工作中实际问题等方面发挥着重要作用。构建人员能力提升机制，加大员工培训力度，能够为班组的建设、企业的发展等提供强有力的、充足的人力资源保障。

**二、建立长效培训机制**

班组长要建立长效培训机制，探索、创新培训的方式方法，持续提升班组成员的知识、技能与工作态度，从而开发班组成员的潜能，促进班组成员更好地适应工作岗位。

### 1. 提高员工队伍整体素质

建立长效培训机制，提高员工队伍的整体素质是关键。它直接影响到整个班组的发展与持续稳定。

班组长要紧紧围绕新任务、新要求、新技术，根据班组建设的实际情况，以日常培训为主，采取经常性培训与集中性培训相结合的方式，将培训工作日常化、制度化、规范化，对员工进行培训。班组长还要充分利用班组内部资源优势、企业资源、社会资源等开展业务技能培训，提高班组成员的整体素质。

### 2. 加强培训管理

加强培训管理是建立长效培训机制的有效保障。班组长加强对班组成员的培训管理需要做到：

（1）成立培训组织管理机构，为开展培训工作创造良好的条件。

（2）落实培训管理措施和考核办法，提高培训人员与班组全体成员的积极性。

（3）做好培训需求调研工作，了解班组员工的情况，有针对性地进行培训。

（4）做好培训后的评估与跟进工作，找出培训中的问题所在，了解培训后的员工情况。

（5）提出整改措施。

### 3. 丰富培训方式

班组长可以采用自学、专题研讨、讲座、集中培训、多岗位培训、跨专业培养、指定专人培训、聘请教师和技术人员组织培训、现场操作考察等方式对班组成员进行培训，以丰富的培训方式，吸引班组成员注意，激发班组成员的学习热情。

### 4. 采取多种激励方式

要保证通过培训提升班组成员的效益，提高班组成员的学习自觉性，班组长需要采取多种形式的激励来约束培训机制。例如，开展理论知识竞赛、技术比武等多种培训主题活动，重视培训表彰，严格培训考核，实施奖惩制度等。通过各种物质和精神上的激励，激发班组成员努力学习，不断提高自我。

5. 落实培训评价机制

在某项培训结束后，班组长要落实培训评价机制，对培训过程和参加培训人员的培训效果进行评价分析，为进一步改进培训计划、制定培训措施提供可靠依据，确保培训取得实效。

## 建立长效机制的主要方法

长效机制是保证制度正常运行并长期发挥预期功能的制度体系。班组要建立长效机制，保证各项制度长久有效地运行，主要有以下三种方法：

### 一、完善制度建设

制度能够保障班组文化更好地贯彻落实，规范班组成员的行为，让班组成员共同遵守办事规程和行为准则，这是创建长效机制的前提。班组长要完善班组制度建设，确保制度不会成为束缚班组成员学习和创新的障碍，让制度更好地成为学习型、创新型班组建设的助推器。

### 二、加强学习

加强学习，提高班组成员的学习能力，提升班组成员的整体素质，是提高长效机制竞争力的保证。

1. 建立学习机制

班组长要为班组成员建立一套完善的学习制度，可以开展多层次、多形式的学习活动，让班组成员在学习、讨论的过程中，交流工作心得，相互学习，共同进步；也可以根据班组成员的工作状况，开展有针对性的培训，让班组成员有针对性地提高自己的各项能力，开发自己的潜能，进而促进班组的效益。

2. 落实学习机制

班组长要充分落实学习机制的规范要求，合理安排时间，组织班组成员集中学习或利用班前班后的短暂空余时间进行交流和学习；要确保学习的内容丰富充实，将理论与实践相结合，把重点放在对实际工作有用的问题研讨和解决上，提高班组成员的学习积极性；要保证学习的质量，开展有针对性的学习指导，通过丰富多样的学习方式和效果评价方式，充分调动班组成员学习的兴趣，增强他们学习的自觉性。

3. 建立学习保障机制

要保证班组的学习机制长期有效地被执行，形成班组特有的学习氛围，班组长可以通过建立奖惩制度，设立班组事务公开栏等方式，定期对班组成员的学习情况进行评价考核，奖优罚劣。公开表扬学习努力、进步快速的班组成员，激励班组成员相互借鉴学习；严肃批评犯错、偷懒的班组成员，提醒他们相互诚勉。

**三、实行考评激励**

考评激励是促使长效机制优化的强劲动力。班组长要建立考评激励机制，就要加强绩效考评与班组成员上岗、转岗、工资待遇、奖惩等的密切联系，建立合理、有效、公正、公平的考评激励机制，让班组成员理性客观地看待自己的学习情况和学习效果，激发班组成员的学习动力，保证长效机制的强大竞争力。

# 第三节　班组管理的五个基本原则

## 班组建设必须以文化为核心

班组文化是凝聚班组全体成员的桥梁和纽带，是班组建设的核心内容。它对于塑造班组成员的核心凝聚力和团结一致、整齐划一的团队精神，对于激活班组成员的积极能动性和创造力有着十分重要的作用。所以，班组长要进行班组建设，必须以文化为核心。

**一、形成班组核心价值观**

班组长可以分析、归纳、提炼班组的文化基因，通过班组成员长期共同工作、生活所形成的情感共鸣、价值观趋同，总结、提炼出独特的班组核心价值观。班组核心价值观的形成，有利于增强班组成员的凝聚力，形成"班组命运共同体"。

**二、营造班组特色文化**

班组长可以根据本班组员工的特色，进一步营造出班组特色文化。例如，可以营造"学习文化"，在班组成员间形成"读书热"，让他们通过学习提升自己的能力；也可以重点营造"金牌文化"，鼓舞班组成员的士气，鼓励他们事事争一流；还可以突出"家文化"建设，为班组成员营造家的温馨，带给他们家的温暖等。

班组特色文化的建设，更能够使班组成员心贴心地在一起工作和学习，形成相互尊重、相互支持、相互关怀、相互学习的良好氛围。

**三、形成班组独特形象和风格**

班组整体形象和风格的塑造是班组文化建设的重要组成部分。班组的形象包括班组的质量品牌形象、服务水平形象、班组环境形象、班组成员形象以及完成各项生产任务、工作任务所表现出来的工作作风等。唯有良好的、独具特色的班组形象和风格，才更能给人以信赖感，更能体现班组员工的素养和实力，更能体现班组的良好建设与管理。

**四、加强班组技术文化建设**

班组是企业生产的第一线，班组技术文化建设是班组建设的重要内容。班组长要组织员工开展质量管理活动、劳动竞争活动、技术比武活动、岗位练兵活动等，提高班组的综合能力。

## 获得中高层支持，创造"火车头"效应

很多企业在推进班组建设工作时，往往将工作职责全都归给基层班组长，把班组建设当成一项基层的、执行的工作来做，缺乏系统的规划和整体的设计。

　　然而，"火车快不快，全看车头带"。基层班组建设仅靠基层班组长是不行的，还需要企业中高层发挥"火车头"的作用，给予基层班组长充分的支持和帮助，引导基层班组的建设与发展。

　　所以，在建设、管理班组的过程中努力寻求企业中高层的最大支持，是身为基层管理者的班组长所必需的智慧。

### 一、加强与中高层领导的沟通

　　班组长要积极主动地与中高层领导进行交流和沟通，引起中高层领导对基层班组的注意，让中高层领导了解基层班组的基本情况，在企业建设决策时能够考虑得更全面。

### 二、加强自身的学习

　　班组长自身的才能，是获得企业中高层领导支持的重要条件。因此，班组长要强化对自身能力的训练，认真地参与到企业对班组的建设和管理当中，站在班组的角度，根据班组的实际情况，为企业选择班组管理模式，建设特色的组织文化，为班组建设同企业的战略、文化相结合等出谋划策。

　　企业的人员组成往往呈现金字塔结构，金字塔的稳定与基层的建设密切相关。基层不仅人员数量最多，还承担了企业 80% 以上的工作任务。所以，对于基层班组的建设，不仅是局部的工作职能，更是企业长治久安的保障。

　　所谓高层谋势，中层谋局，基层搭台，企业要搞好基层班组的建设工作，班组长要实现班组的有效管理，企业中高层领导的大力扶持和帮助是必不可少的。

## 人本激活——创造绩效的"井喷"能量

　　传统的企业基层管理模式，是以班组长、车间主任等基层管理者为管理核心，让普通基层员工围绕管理核心的工作指令来开展工作。这样的管理模式，将班组员工视为了企业基层的生产机器，他们仅按照班组长的指令来完成规定的工作任务，缺乏工作能动性和创造性，工作效率普遍低下。

　　而人本激活是企业适应时代发展而产生的新型管理理念，人本管理最大的特点就在于，它打破了传统管理模式对员工，尤其是对基层员工的禁锢，改变了僵化管理，从对广大基层员工的绝对驱使，转变为充分调动和激活员工，使之发挥潜能，创造最大的绩效。

人是企业管理中最核心的要素，作为一切改善的最终执行，人本管理已经成为企业管理的共识。以人为本，简言之就是满足人、调动人、激活人。班组作为企业的基层，如何在班组管理中最大限度地发挥班组成员的作用，成为了决定班组建设成效的关键所在。

**一、关注班组成员的需求**

基层班组建设中的人本激活，班组长要关注班组成员的所想所需，满足班组成员被认可、被尊重的价值需要。

班组长可以在其班组日常管理和工作中，鼓励班组成员以主人翁的意识积极参与到班组的各项事务当中，共同策划一系列管理改善与推进活动；可以根据每个班组成员的特性、能力，给予他们充分展示的平台和可实现、可转化的内部资源支持，让每一位班组成员在日常的细微工作中获得被尊重感和被认同感。

**二、挖掘、培养班组成员的潜能**

人本激活重在培养人，挖掘人的潜能和智慧。班组长应积极主动地深入到员工当中，加强与员工的沟通交流，挖掘员工的潜能，关注并重视员工的个人发展目标和计划，尽可能地给予最大的鼓励和指导，并为其提供资源支持。在培养员工能力的过程中，强化员工的工作激情和动力，提升班组的整体绩效。

**三、持续激励班组成员**

班组建设中的人本激活，还应该以持续激励为主导，给予员工充分的改善空间。班组长要对员工取得的成绩给予充分肯定，时常嘉奖员工、激励员工，使之获得持续的价值感和动力；也要鼓励失意的员工，激发他们前进的动力。

## 班组建设应该以管理透明化为保障

班组管理中所产生的管理博弈往往是由信息不对称造成的，而信息不对称的根源在于管理不透明。因此，要想推进卓有成效的班组建设，施行透明化的管理是其有力保障之一。

### 一、透明化管理的内容

班组管理透明化主要包括工作透明、流程透明、问题透明、奖惩透明、考核透明、绩效透明、信息透明、方法透明等，将班组的一切与班组成员密切相关的事务透明化，让全体班组成员共同参与、监督班组的管理。

### 二、透明化管理的作用

透明化管理是班组基础管理的一项重要管理模式，将管理公开化、透明化，对班组的管理和班组的发展具有很大的作用。

（1）将管理公开化、透明化，有利于及时有效地将班组信息共享，让全体班组成员了解班组情况。

（2）将管理公开化、透明化，有利于带动班组全体成员共同参与班组的日常管理工作，集思广益地为班组的建设、发展出谋划策。

（3）将管理公开化、透明化，有利于提升班组员工的凝聚力和团队意识，持续推进班组建设工作的开展。

（4）将管理公开化、透明化，有利于创造班组成员之间公平对等的工作环境和竞争氛围。

（5）将管理公开化、透明化，有利于从根本上解决信息不对称引发的管理博弈，消除一线班组成员与上级主管的博弈，减少班组成员之间的碰撞和抵触。

### 三、透明化管理的方法

1. 创建透明的服务理念和流程

班组长可以在班组管理系统内创建一套充分透明的服务理念和流程，便于顺畅运行各个工作环节，一些隐形的问题也能够防患于未然。

2. 导入透明的解决问题的方法

班组长可以在解决班组管理问题时，导入充分透明的问题解决方法，如案例管理法。

所谓案例管理法，就是以案例的形式和他人共享所有问题及问题解决的过程、方法。在分享的过程中，案例管理法强调问题点要充分透明，解决问题的流程路径要充分透明，问题的责任人、负责解决问题的人员配置也要充分透明。案例管理法不仅可以用于问题的处理，还可以用于成功经验和技能特长的交流共享。

3. 搭建透明化平台

班组长可以在班组内部搭建透明化平台，通过各种形式将组织职责、问题分享、经验总结、绩效考评、激励评价、荣誉价值等公开，使班组内部的绩效、信息、过程、问题、流程、方法等充分透明，从而鼓励班组全体成员共同参与班组日常管理，解决常见问题，监督班组管理工作。

班组看板作为集体与员工个人相互交流的窗口，是班组透明化管理系统的核心载体，是班组最为方便有效的透明化平台。班组看板能够快捷地传递信息，推进班组学习、文化、现场、安全、绩效考核等多方面管理，实现全员管理和自主管理；还能为班组内每一位成员创造机会，鼓励他们和大家分享问题、特长、技能、经验和思想，让员工之间互帮互助，互补互利，为班组成员建立沟通交流的平台，提升班组成员的凝聚力。

## 强调以知识管理为主导

什么是知识管理？简单地说，就是组织从他们的智力和知识资产中创造价值的过程。这是一个知识的时代，知识管理的理念已经被大多数企业所重视，并开始被普及。现代企业的管理，必然要以知识管理为主导，才能凭借足够强大的实力，屹立于激烈的商战之中。

作为企业的基层，班组也是如此。班组是企业大厦的根基，也是企业发展的活力之源。企业的文化萌芽于基层班组，企业的发展使命也根植于基层班组，基层班组的一切创新、改善、问题反馈等，都是企业宝贵的知识资源。因此，知识管理并非是高层管理的职责所在，高层的知识管理并不能完全代表整个企业最核心的创新技术和知识成果，基层班组对于强化企业的知识管理同样起着重要的作用，班组建设同样也应该以知识管理为主导。

那么，在班组建设中，要如何强调知识管理的主导作用呢？

1. 建立班组知识库

建立班组知识库是最简单易行的方法，班组长在日常工作中要注意培养班组成员采集、传递和分类知识的能力，组织班组成员积累班组的知识库。班组知识库可以依据知识资源的不同类型，分为案例库、改善库、经验库、问题库、工具库、教材库等，以便在需要的时候，能够提高知识检索的速度。

2. 建立知识交流机制

良好的知识利用就是班组在需要知识的时候，存在着一个机制能够迅速地提供丰富的相关知识，这主要通过知识传播的渠道交流来实现。因此，班组长要建立知识交流机制，高效利用早晚会、日常工作例会，质量分析会、总结会等会议，促进班组成员之间的知识挖掘、整理、共享与传播。采用大道至简的学习方法，推动班组成员之间知识的交流与碰撞，实现更好的知识创造能力，提高班组的竞争力。

3. 有效运用知识管理

知识管理强调的是对知识的运用，班组长要注意知识与现实问题的联系，可以在班组管理或产品生产遇到问题时，及时召开问题剖析会，将每一个问题解决现场转变为培训现场，有效利用所积累的知识，解决班组工作中面临的问题，通过实际操作，训练班组成员运用知识解决实际问题的能力。

**经典案例**

**培训让每一位员工都成才**

在一家企业担任铆焊班班长的陈师傅，是一位技术精湛、工作能力强的老班长。有一天，他在工地上检查工作，发现一位姓张的电焊工没有干活，坐在旁边发呆。陈班长便问他怎么了？小张带着哭音回答："陈班长，我想要辞职。"

陈班长大吃一惊，赶忙询问小张辞职的原因。

小张的回答使陈班长感到意外，他说因为自己技术不够熟练，在焊工组优化组合后，组里的工人嫌他做活慢、质量差，而组长也批评他工作效率不高。他觉得自己很笨，不适合做这个工作。

听到小张的话，陈班长心中受到了震撼。于是，他安慰小张说："不能这么轻视自己，岗位技术不熟练，可以通过努力去改进，这需要一些时间的，急躁了不行。当然，你首先要振作起来，对自己有信心，这样才会有学习的动力。"

小张点点头，振作精神，积极地投入到了工作中。

接下来的几天，陈班长一直思索着小张的话，决定组织员工进行岗位培训，让小张这样的员工，通过培训学习，熟练掌握岗位知识和技能。

于是，在车间领导的支持下，陈班长组织的班组员工培训班开学了。小张是培训班的第一期学员。在培训时，小张认真学习焊工理论知识，练习焊接技术，进步很快。陈班长也专门安排一些技术熟练的员工，在培训班上手把手地向员工传授技能。培训结束后，小张已经成为一名技术熟练的电焊工了。每天上班时，他的脸上都挂着自信的笑容。

陈班长组织员工进行培训的同时，还对一线工作岗位进行轮换作业。通过岗位轮换，员工们掌握了多种技能。而一些技术工人和生产骨干，也通过换岗的方式，把自己的技能和经验传授给了其他员工。

在陈班长的带领下，班组的员工个个都成为技术尖子。只要企业的生产环节哪里发生故障，领导就会请求陈班长和他的员工紧急援助。现在，陈班长和他的班组员工已经成为企业不可缺少的人才。

# 第三章 生产计划管理：有效安排，合理掌控生产期

## 第一节 以计划为先，事事落实到个人

### 班组生产计划的作用

生产规模越大，生产管理越复杂。要想实现有条不紊的生产管理活动，提高生产资源利用率，降低生产经营成本，就需要制定合理有效的生产计划。具体而言，生产计划的作用，主要包含了以下六个方面：

**一、有利于明确生产工序**

工序是生产调度的最小单位，班组缺乏生产计划，没有明确的工序开始、结束时间，容易造成生产调度的盲目进行，也会导致资源准备和资源配送的盲目性。因此，合理的生产计划能够给班组提供明确、具体的工序，从而实现生产调度的准确性，实现班组的精细化管理。

**二、有利于明确工作目标**

计划制定的目标为各级员工指明了组织发展方向，可以使班组全体员工的生产行动对准既定目标。

**三、有利于提高设备利用率**

设备是班组生产制造的主要载体，不同设备的功能价值、折旧费用等各

不相同，如果没有详细的生产作业计划，就无法预估设备的利用率和负荷，无法让瓶颈设备发挥出最大的能力。

### 四、能够有效预测和管理物料库存

物料是成品的来源，合理的物料采购时间和物料库存量是避免资源浪费、确保交货期的重要因素。物料不像发生故障的设备，可以临时调整或更换，也不像生产工序，可以随时进行优化调整，它是很难按时就位的，班组生产一旦出现物料短缺问题，必然会造成生产停滞。

为避免物料问题给班组生产带来的损失，制定班组生产计划是十分必要的。班组生产计划能够有效地对物料的到货情况进行预测，并准确预测生产现场何种物料将在何时可能出现短缺现象，从而实现对物料的有效管理，保证生产活动更加顺畅。

### 五、有利于降低库存

如何降低库存一直是生产管理面对的难题。生产资源的库存量过多，占用的资金就比较大，容易增加企业的负担，造成企业的资金运转不畅。

详细的生产作业计划能够预测资源的使用情况，预测资源的库存状态，预测补充资源的最佳时机。班组按照生产计划进行资源的准备，能够将库存保持在接近于 0 的一个很低的水平，避免库存过多给生产和企业发展带来的不利影响。

### 六、有利于提高经济效益

工作计划为班组员工提供了明确的工作目标及实现目标的最佳途径，提高了他们的工作效率和效益，也有利于减少班组生产的资源浪费，提高企业的经济效益。

## 明确班组生产管理和任务

### 一、班组生产管理的含义

班组生产管理是指班组长根据车间、工段下达到班组的生产计划，对班组的生产活动进行计划、组织、准备和控制，保证班组能够保质、保量、按期、安全地完成生产任务，以较少的消耗取得最佳的经济效益。

　　班组生产管理就是对班组内整个生产过程进行管理，包括制定和实施生产作业计划，管理日常的生产准备工作，组织生产作业，调度生产，控制生产进度，管理在制品和半成品以及核算生产作业等。

## 二、班组生产管理的内容

### 1. 计划

　　班组生产管理中的计划主要包括生产计划和生产作业计划。班组长要根据班组的生产能力和各方面的条件，严格编制与执行生产计划和生产作业计划，实现均衡的、有节奏的生产，保证产品能够按质、按量、按期地被生产出来。

### 2. 准备

　　班组生产管理中的准备工作是班组进行正常生产活动的基本前提，也是完成班组生产计划的必要保证。班组生产管理中的准备工作主要包括人力准备、物资能源准备、工艺技术准备以及机器设备准备。

### 3. 组织

　　班组生产管理中的组织工作主要包括生产过程组织和劳动过程组织。生产过程组织就是合理地组织产品生产过程的各个阶段、各个工序，使其能够在时间上和空间上达到自然衔接、协调有序。劳动过程组织主要针对班组与班组间的关系、班组成员间的关系，以及班组成员与劳动工具、劳动对象的关系等进行有效组织与协调。

### 4. 控制

　　生产控制是班组完善生产组织、实现生产计划、降低生产消耗和产品成本、提高产品品质的重要手段。生产控制的内容包括生产费用、原材料消耗、生产进度、产品品质、库存等方面的控制；生产控制的范围包括班组生产准备、生产组织和生产过程的各个方面。

## 三、班组生产管理的任务

　　班组生产管理的主要任务是取得最大化的经济效益，即以尽可能少的投入，获取尽可能多的产出。

　　具体而言，班组生产管理的任务包括：

1. 合理配置作业人员

班组长进行班组生产管理，需要合理配置作业人员，充分利用班组的人力资源。严格按照定编定员的方式组织生产，充分发挥班组成员作业的主动性和积极性。

2. 保证产品质量

班组长进行班组生产管理，必须让班组员工牢固树立"质量第一"、"为用户服务"的观点，监督并检查好各个工序的作业，确保产品优质交付，以满足客户的需要。

3. 做好安全生产

班组长进行班组生产管理，必须切实落实班组劳动保护和安全生产措施，不断改善班组生产环境和条件，搞好安全生产，杜绝人身事故和设备事故发生。

4. 合理利用物质资源

班组长进行班组生产管理，需要合理、有效地利用各种物质资源，减少物质和能源的损耗，降低产品成本。

5. 完成生产任务

班组长进行班组生产管理，必须实现班组各项经济指标，全面完成企业或车间下达的各项任务。要合理安排各项任务的人员、物资需求等，实现所规定的班组生产目标，包括产品品种、质量、产量、产值、速度、成本、利润、安全等重要指标。

总之，班组长在班组生产管理过程中，应根据本班组的特点和实际生产能力，运用科学的管理方法，组织班组生产活动，充分发挥班组全体成员和设备的能力，有效完成班组的各项生产管理任务，实现班组的生产管理目标。

## 班组生产计划的编制

班组生产计划是班组一切工作的开始，是确保班组的一系列生产工作按程序进行，保证交期的重要依据。班组生产计划编制得越详细、越明确，越有利于生产工作的有序进行。

## 一、生产计划的内容

生产计划被划分为生产部计划、车间计划和班组计划。班组生产计划的内容主要包括工作人员的安排、设备的配置、物料的配合、生产周期的确定、工艺与工序的编排以及品质的控制等。

## 二、生产计划制定程序

制定生产计划是班组长现场管理中必不可少的一个步骤，班组长在编制生产计划时，要依据以下程序：

1. 收集、分析、研究资料

在编制班组生产计划前，班组长要寻找计划制定的主要依据，做好资料收集、分析和研究工作，主要包括：

（1）收集并调查车间生产计划、上期班组计划的完成情况。

（2）收集组织技术措施计划与执行情况等相关资料。

（3）收集计划生产能力与产品工时、台时定额资料。

（4）收集物资供应、设备检修、劳动力调配等资料。

2. 确定班组计划指标

根据资料收集和分析的结果，班组长在编制计划时，要将初步提出的生产计划指标同班组生产能力等各方面的条件进行综合和平衡，主要包括：

（1）生产任务与生产能力之间的平衡，测算生产设备是否足以保证生产任务的完成。

（2）生产任务与物资供应之间的平衡，测算主要原材料、动力、工具、外协件对生产任务的保证程度及生产任务同材料消耗水平的适应程度。

（3）生产任务与劳动力之间的平衡，测算劳动力的工种、数量，检查劳动生产率水平与生产任务是否适应。

（4）生产任务与生产技术准备的平衡，测算工艺准备、设备维修、技术措施等与生产任务的适应和衔接程度。

3. 分析阶段计划的执行情况

班组长要对上个阶段计划的执行结果进行分析，总结出经验和教训，然后根据企业和班组本身的实际情况，研究本期生产计划的具体措施。

4. 确定生产指标，编制班组计划表

班组长要将制定的生产计划报请主管批准或备案，经过反复核算和平衡后，确定生产指标，然后编制出班组计划表，交给生产主管。

## 做好生产前准备

生产前准备是指企业为了保证日常生产的正常进行，为顺利实现生产作业计划，在生产前所从事的各项准备工作。生产前准备工作的质量直接决定了生产的实际效果如何。生产前准备工作包括：生产准备计划的编制、技术文件的准备、机器设备的准备、物资准备、劳动力的配备和调整、工作场地准备。

**一、生产准备计划的编制**

班组生产准备计划要与班组生产作业计划衔接一致。在生产准备计划中，班组长要明确规定各项准备工作的内容、要求、进度和执行单位。

**二、技术文件的准备**

班组在生产前要做好技术文件方面的准备工作，主要是将各种技术文件提前发送到相关人员手中，让他们提前熟悉作业计划和技术要求。技术文件主要包括产品和零件的图纸、产品配方、装配系统图、材料消耗定额、工时定额、毛坯和零件的工艺规程、检验规程等，这些都是制定生产计划和组织生产活动的重要依据。

**三、机器设备的准备**

机器设备在生产过程中非常重要，如果安排不得当或者机器不能正常运转，那么肯定会耽误生产的进程。班组长事先要对设备的数量、质量、运转和负荷情况进行检查，并做好维修和配件准备工作，保证生产时机器能够处于良好的运转状态。

**四、物资准备**

品种齐全、数量合理、质量合格的各种原料、材料和外协件是班组顺利进行生产的必要保障。因此，班组长在生产前要按照生产作业计划的要求，将所需物资和工具运到班组生产现场的指定地点，并做好物资、工具的储备量、质量和供应进度的检查工作。如果生产任务突然改变，班组长应向物资供应部门提出，避免发生物资堆积或停工待料的情况。

**五、劳动力的配备和调整**

班组长在班组生产前要做好劳动力的配备和调整工作，主要包括：生产前的员工培训工作、组织全体人员明确任务和责任、合理安排各道工序之间工作人员的适当比例等。班组长要根据生产作业计划的安排，及时做好各个环节的人员调配工作，确保生产的顺利。

**六、工作场地准备**

工作场地准备主要包括现场秩序准备和现场环境准备两个方面。

1. 现场秩序包括劳动纪律、工作作风、人员面貌和素质等内容

具体需要准备的内容包括以下五个方面：

（1）检查迟到、早退、旷工等现象，要求员工都能遵章守纪。

（2）消除萎靡不振的现象，让员工都能保持良好的精神状态。

（3）确保所有员工都能自觉地参与到生产准备活动中来。

（4）员工确保自己的行为符合规范和要求，不会妨碍他人。

（5）对于新产品、新技术，员工要学习工作方法和掌握工作要点。

2. 现场环境包括现场的温度、湿度、污染、噪声和安全等内容

现场环境管理通常需要准备的内容有以下两个方面：

（1）点检各种环境指标检测器具的有效性，并记录显示的数据。

（2）当发现有不符合要求的情况时，要及时采取措施进行处理，并确认处理结果。

## 班前、班中、班后的管理

良好的班组管理不仅要求班组长要做好班组生产过程中的现场管理，还要做好班前和班后的管理工作，主要包括：

### 一、班前管理

1. 召开班前会

班前会是指班组长利用上班前的 5~10 分钟时间，让全体员工集合在一起，互相问候、交流信息，并由班组长或其他班前会主持人为他们安排工作的会议。

班前会的主持人一般由班组长担任，有时也可以采用部门主管主持、管理人员轮流主持、管理人员和员工轮流主持、员工轮流主持等多种方式，积极调动班组成员参与班组日常管理工作。

2. 做好生产准备

生产准备活动是班组的全方位活动，班组长在其中承担了大量基础工作。简单来说，班组长在日常管理中的生产准备活动包括作业标准确认，人员状况确认，设备、仪器、工装夹具及工具点检，材料确认，作业指导书确认，4M 变更点（人员、机器、方法、材料变更点）确认等多方面。任何在生产准备中发现的问题、异常和不便等，班组长都应认真记录下来并寻求解决办法。

3. 确定作业速度和作业时间

确定作业速度和作业时间是班组长掌握班组每天的作业进度，确保班组作业能够如期完成生产任务的重要方式。

（1）作业时间。

产品的制造过程，由工程之前的搬入材料或半成品时开始，至转入下一个工程时才算完结，若不考虑期间的停滞，就无法保证作业如期完成。因此，班组长要提醒作业员工不要以作业时间来看作业，还要根据具体的情况，以数字来控制停滞，改善日程安排，合理制定作业时间。

（2）作业速度。

出于各种原因，虽然有作业标准作为依据，但员工的作业时间仍然会因人而异。一般而言，工作的速度依技术、熟练程度、是否热心与身体状况四个因素而定，并需机械工具齐备，才能使作业顺利快捷。

对班组长来说，评定速度，是对下属指导监督及制定标准时间所不可或缺的。确定员工的作业速度，班组长不能仅凭直觉进行，应根据具体情况，确定较为客观、合理的速度标准。

## 二、班中管理

### 1. 控制生产进度

生产进度控制是指对某种产品生产的计划、程序、过程所进行的安排和检查，其目的在于提高效率、降低成本，按期生产出优质产品。

班组长在班组生产活动中进行生产进度控制，需要做好生产进度的静态控制和动态控制。

生产进度的静态控制是从数量方面控制进度，它是指从某一"时点"（日）各生产环节所结存的制品、半成品的品种和数量的变化情况来掌握和控制生产进度。生产进度的动态控制则是从生产时间、进度方面或从时间序列纵向去进行观察、核算和分析比较，生产进度的动态控制一般包括投入进度控制、出产进度控制和工序进度控制等。

### 2. 处理生产异常

生产异常是指造成生产部门停工或生产进度延迟的情形。生产异常的处理是班组长日常工作中的重点之一。班组管理工作中常见的生产异常主要有以下五种：

（1）计划异常：因生产计划临时变更或安排失误等导致的异常。

（2）设备异常：设备异常也被称为编程异常，它是因设备、工装不足或故障等原因而导致的异常。

（3）物料异常：因物料供应不及时、物料品质等问题导致的异常。

（4）产品异常：产品异常也被称为机种异常，它是因产品设计或其他技术问题而导致的异常。

（5）水电异常：因水、电、气等问题导致的异常。

班组长在处理生产异常时，要第一时间通知技术部门或相关责任单位前来研究对策，妥善处理，并报告上级。排除异常后，班组长要及时填写生产异常报告单，上交制造部门、财务部门等，以便做好生产调度。最后，班组长还要对处理异常的对策的执行结果进行追踪。

### 3. 监督、检查日常作业

监督、检查日常作业是班组长班中管理的基本工作内容。优秀的班组长每天的作业检查、巡视要做得井井有条，其具体内容如下：

（1）检查机械设备，了解机械设备故障情况。

（2）检查物料质量、数量是否按规定使用。

（3）检查作业人员是否正确使用规定的工具。

（4）检查作业人员是否在了解方法后正确使用测定器。

（5）检查作业人员是否按批示工作。

（6）监督作业人员有无进行危险作业。

（7）检查作业人员是否将修整作业与正常作业分开记录。

（8）检查生产线的布置有无不妥。

（9）巡视作业人员完工后的检查整理工作是否已做好。

（10）在工作时间结束前 30 分钟，班组长要再度巡视班组的每一个角落。检查机械的状况，探视员工的健康状态。

### 4. 做好交接班管理

交接班管理的任务是搞好岗位衔接，确保安全、文明、均衡地生产。班组长应在每次交接班时做好自己的工作，严格监督作业人员做好离岗前的工作，确认各项交接事宜都已完成，并填写好交接班表。

### 三、班后管理

在班后管理中，班组长最主要的任务是进行作业日报管理，作业日报是企业生产经营的重要资料，是计划指令制定的来源和依据。

### 1. 作业日报管理应把握的内容

（1）每位员工的作业日报是否准确。

（2）作业效率是提高了还是下降了，并记录相关原因。

（3）每位员工的作业效率是否达到预期目标。

（4）整体效率能否反映每个人的工作效率。

（5）生产效率与设备效率的变化情况。

（6）材料、作业、产品有无异常。

（7）是否严格遵守生产计划。

（8）不良状况及相应的工时损失。

（9）实际工时与人员配置是否合理。

（10）记录尚需改善的地方。

2. 作业日报管理的基本方法

（1）确认作业报表，注意工时、产量和异常现象。

（2）使用统计法对作业能力进行管理。

（3）使用图表统计分析效率、成果的变化情况。

（4）调整计划或目标参数。

# 召开高效班前会

班前会，顾名思义是指班组每天工作前开的会。班前会是班组长安排班组工作，集合班组员工相互交流、讨论，调动班组员工参与班组管理和提高他们工作积极性的一种管理方式。

## 一、班前会的作用

（1）了解员工出勤情况和精神状态。

（2）对员工进行礼仪教育，形成良好的风气。

（3）为员工提供相互交流、互相学习的场所。

（4）对工作进行有序安排，提高工作效率。

（5）增强工作的紧迫感，促使员工积极工作。

（6）能够让班组长和员工养成遵守规定的习惯。

（7）够增强班组长的表达能力、沟通能力。

（8）有利于团队精神的建设，增强员工的凝聚力。

## 二、班前会的内容

（1）发出号令，集合人员。

（2）了解出勤情况。

（3）总结前一天的工作。

（4）传达当天的生产计划和基本活动，说明注意事项。

（5）转达上级的指示。

（6）鼓舞员工的工作干劲。

（7）其他特殊事项。

（8）宣布作业开始。

### 三、班前会的程序

1. 班前点名

所有参会人员以班组为单位到指定的地点集合，列队站好（一般列两面横队），等待班组长点名。

2. 整理队列

班组长点完名后，要进行整理队列训练，由班组长喊口令，员工按照口令进行相应动作。

3. 宣读口号

一般以公司理念作为班前会集体宣读的一项内容，当然，班组长还可以组织班组员工结合班组的文化特色，创造独特的激励口号。

4. 班前排查

班组长在班前会上要做好"三查"工作：

（1）查仪表：检查员工的工作服、工作帽穿戴情况。

（2）查安全：检查员工的安全帽、安全带、防护眼镜等防护用品是否佩戴正确。

（3）查精神状态：观察员工是否休息好、是否班前饮酒、身体有无不适、情绪波动情况等，确保员工精神饱满，心情舒畅。

5. 传达各类信息

（1）对企业的政策、经营销售情况、员工调动情况等进行说明。

（2）传达部门的工作指令、工作任务以及工作要求和标准。

6. 强调劳动纪律

对上阶段员工的出勤情况、工作情况进行总结，强调本岗位劳动纪律、作业程序和作业标准、安全注意事项等。

7. 布置工作

（1）交任务。

班组长要准确传达当天的工作任务目标，让员工清楚了解自己需要做什么、怎么做以及需要达到的质量标准，增强当班员工完成工作任务的信心和决心。

（2）交安全。

班组长要介绍当天作业的内容和部位，分析存在的安全隐患，制定防范措施并逐项交代清楚，落实好责任人。

（3）交技术。

班组长要逐项、逐条地交代当天作业的工艺及技术要求，讲清、讲透，让员工掌握工作的要点。

8. 总结表扬

总结前一天的工作情况，表扬和鼓励表现突出的员工，倡导其他员工向他们学习；批评指导工作出现问题的员工，提醒其他员工按照作业标准工作。

**四、班前会的要求**

（1）准时召开班前会，一般在工作前 20 分钟开始，持续 15 分钟。

（2）当日当班全体人员必须参加班前会。

（3）确定好班前会的主持人以及班前会的内容，指派专人做好"班前会会议记录"，以备企业或部门随时进行检查。

（4）班组长在做班前会时，要注意礼貌用语。

（5）班组长应让轻松和谐的气氛贯穿始终。

（6）班组长应衣着整齐、干净；面带微笑、态度诚恳、吐词清晰、声音洪亮；并注意自己的站立姿势、不可左右摇摆。

（7）班组长在批评指导犯错员工时，不可做人身攻击的发言和动作。

# 第二节　严把生产周期，保证按期交货

## 怎样控制好生产流水线

所谓生产流水线，是指在生产过程中通过某种形式将多个独立的生产个体有机地联系在一起，让这些个体彼此关联、彼此制约，以同一频率、同一速度，达到高效匀速生产的作业流程。流水线生产能够有序配置并高度集中多个生产要素，使生产要素呈节拍性流动，紧密连接了各个生产工序，有效地增大了班组的生产力。

### 一、流水线管理

1. 投入、产出管理

投入、产出管理是生产现场管理中的重点。每天 8 个小时的工作时间内能够生产多少的计划数，即是可投入数。班组长和员工的管理水平、管理手段和作业方法，以及他们在一定时间内完成指定工作的决心、信心和团队精神等，都决定了投入部品在单位时间内能否被全部转换成良品送出生产线。

2. 跟点作业

跟点作业是投入、产出管理的开始，是流水线管理的重点。跟点作业是指流水线上的员工在能力所及、速度可达的范围内，在指定的时间里，完成一个组装动作，将完成品放入流水线上划定的间隔点或间隔线上。跟点作业要求每一个员工必须全身心投入到工作中去，一心一意地工作，这样才能确保跟上流水线的每一个点。

### 二、流水线生产中常见的问题

1. 没有点

没有在流水线生产作业中设点，生产要素没有呈节拍性流动，当天生产快要结束前，后工序拼命清机，一台都不留下过夜，等到第二天生产启动时，后工序又无事可做，基本处于待机状态，导致出现"紧尾松头"的情况。

2. 不跟点

班组流水线生产管理中设立了点，但员工从第一道工序开始，就不跟点做完就走。有时跳空几个点，一件产品都没有；有时加塞几个点，两个点里有三四件产品一起移动。

3. 跟不准

员工在流水线上工作时，第一道投入工序准确跟点，但从第二道工序开始就跟不准了，要么太快，要么太慢，越往后的工序越跟不准，流水线工时无法平衡。

4. 全承载

整个班组生产管理工作中，不只是产品，就连托盒、空箱，甚至私人物品、小零食等，全部都用流水线来传递。

**三、控制好流水线作业的办法**

1. 注意线点颜色

流水线作业中所设的线点颜色要鲜艳，要与输送带底色完全不同，要突出、显眼，且粘贴牢固。当有两套以上线点时，必须以不同的颜色区别开来。

2. 控制好线点数量

线点不是越多越好，点数设定越多，在线库存也就越多，但前后两个工序之间的点数也不宜太少，通常情况下不能少于两点，所以班组长要控制好各工序之间的线点数量。

3. 管理好流水线的开动、停止

为提高效率，正常情况下，流水线的开动和停止，可由靠近电源控制开关的作业人员代为实施。如果出现异常情况，应由管理者下达流水线的开动或停止命令，作业人员不得擅自做主。当然，在特殊情况下，如遇到生命财产将要遭受重大损失时，作业人员可以紧急开动或停止流水线。

**4. 控制好流水线平衡效率**

班组长要小心安排好流水线工作，控制流水线的平衡效率，注意不熟练的顶位对工对平衡的破坏，并解决好因此而产生的生产堆积、跳空情况。

**5. 保持稳定的输送带行进速度**

班组长应当组织专业人员经常验证输送带行进速度，保持输送带稳定、有节奏地前行。

**6. 输送带上不得搭建各种托架**

班组流水线生产过程中应当用统一式样的台架支撑起生产过程中需要用到的小型设备。若将小型设备摆放在流水线上，不仅会影响流水线的顺畅作业，还会影响作业现场的美观。

**7. 随时保持输送带的整洁**

流水线生产中可在输送带前后两头设置半湿润清洁拖布或黏物辊筒，以清除输送带上的脏物，保持输送带的整洁。

**8. 留意输送带的连接过渡处、转弯处**

流水线生产过程中要特别留意前后两条输送带的连接过渡处、转弯处，保证产品或零件的顺利流动。

**9. 注意作业对象的摆放**

前工序跟点投入时，作业对象的摆放方向要尽量为后工序的取拿方便着想。

**10. 管理好堆积**

在流水线生产过程中，由于设备、材料、作业方法等原因，有时会引发作业不良，造成中途工序出现大量堆积，这时班组长要组织班组员工将堆积的作业对象离线存放好，并做好识别管理。

**11. 培训员工正确的取放方法**

一般而言，最流畅的作业对象取放方法是"左进右出"或"右进左出"，因为这样取放有利于双手同步进行，提高作业效率。班组长应在作业人员上岗前，加强对作业人员的培训，让作业人员掌握取放作业对象的方法和时机，并严格遵守。

12. 做好生产结束作业

在生产结束时，班组长必须指导、监督员工做好流水线上产品的遮盖防尘工作，或将流水线上的产品暂时收回工序内存放，等到次日再重新摆放在流水线上。

## 怎样预防和解决生产瓶颈

生产瓶颈是指在生产过程中出现的各种阻碍生产顺利进行的单个或多个因素，这些因素使得生产陷入低效甚至无法继续的状态。在一条生产流水线上，由于每个生产环节、工序的进度、效率和生产能力存在很大差异，使得整体生产运作中常常出现不平衡的现象，这种不平衡所产生的"生产瓶颈"限制了整条流水线的生产能力、生产进度和生产效率，从而影响班组生产任务的完成。

### 一、引发生产瓶颈的常见因素

1. 生产材料

在某些工序或生产环节中，生产所需要的材料若供应不及时，很可能会造成生产停顿，从而形成生产瓶颈。

2. 作业人员

个别工序的作业人员技术不熟练或人员不足，尤其是熟练工数量不足，也是形成生产瓶颈的一大因素。

3. 工艺

工艺设计或作业图纸的制作效率低下，跟不上生产的作业进度，从而影响作业的正常进行。

4. 生产设备

作业现场的生产设备配置不足，或设备的正常检修与非正常修理等，都是影响作业正常进行的因素。

5. 作业品质

如果个别工序或个别生产环节上出现了生产品质问题，就会降低生产速度，出现返工、补件等情况，从而导致生产进度放慢。

6. 时间因素

有些工序的完成需要一定的时间，无法缩短，这类工序常会出现瓶颈。

7. 突发性事件

例如，人员调动、材料延期、安全事故、停产整顿等突发性事件，都会造成瓶颈问题。

**二、生产瓶颈的表现形式**

常见的生产瓶颈表现形式主要有四种，包括：

1. 工序方面的表现

工序上表现出来的生产瓶颈最常见的就是不同工序的调度、协作不合理，如 A 工序日夜加班赶货，而 B 工序却处于放假休工状态。

2. 生产线上的表现

生产线上的生产瓶颈也比较常见，如当 A 工序大量滞留时，B 工序就会产生波动。

3. 半成品方面的表现

生产瓶颈在半成品上主要表现为一道工序中的半成品大量积压，而另一道工序则处于等货状态。

4. 均衡生产方面的表现

均衡生产方面常见的生产瓶颈主要表现为各个生产环节不配套，生产无法均衡、有序地进行。

**三、常见的生产瓶颈及解决方法**

1. 材料供应瓶颈

材料供应不足或材料供应不及时，都会影响产品零部件的生产进度，造成生产瓶颈，从而影响整个产品的最后组装与配套。由于材料的供应工作存在着一定的周期性和时间性，因此，解决材料供应瓶颈的要旨在于及早发现、及早预防并及早解决，班组长可以参考以下步骤解决班组的材料供应瓶颈：

（1）寻找造成瓶颈问题的材料。

（2）分析研究该材料瓶颈的影响及程序。

（3）归类分析材料。

（4）分析材料类型。

（5）与材料供应商进行沟通协调，并努力寻找新的供应商，从而建立可靠的供应网络。

（6）进行替代品研究，或要求客户提供相关材料。

2. 技术人员瓶颈

技术人员对技术的操作不熟练或技术人员短缺，尤其是特殊人才、重要的设备操作员短缺，很容易造成生产瓶颈，从而阻碍生产进度。解决技术人员瓶颈，最重要的是要加强技术人员培训，合理配置技术人员，加强人员定编管理，确保各工序的生产能力。班组长可以参考以下步骤：

（1）找到人员或技术力量不足的工序或部门。

（2）分析该部门人员或技术力量不足对整个产品生产过程所造成的影响。

（3）研究人员定编情况。

（4）确定人员的数量、结构组成。

（5）加强技术人员培训。

（6）招聘人员，补充人员缺失。

（7）平日里积极储备技术人员。

3. 工艺技术与产品品质问题瓶颈

在产品的生产过程中，尤其是新产品的生产过程中，难免会遇到各种工艺技术问题或难以解决的品质问题，从而产生工艺技术与产品品质瓶颈。解决这一瓶颈，班组长可以参考以下步骤：

（1）找到工艺技术与产品品质瓶颈的关键部位。

（2）研究讨论该瓶颈产生的具体原因，并寻找解决方案。

（3）进行方案实验或批量试制。

（4）对于成功的工艺技术方案，建立工艺规范。

（5）制定品质检验标准和操作指导说明书。

（6）进行后期监督。

4. 生产进度瓶颈

生产进度瓶颈是指在整个生产过程中或各生产工序中，速度最慢的时段或工序。

根据各工序间的关系，生产进度瓶颈主要分为先后工序瓶颈和平行工序瓶颈。先后工序瓶颈主要表现为前一道工序的滞后，影响后一道工序的进行，从而影响整个工序的生产进度。平行工序瓶颈主要表现为相互平行的两道工序，其中一道出现瓶颈，产生滞后现象，从而影响产品的最终配套。

解决生产进度瓶颈，班组长可以参考以下步骤和方法：

（1）寻找进度瓶颈所处的位置点。

（2）分析研究该瓶颈对整体进度的影响及作用。

（3）确定该瓶颈对进度的影响程度。

（4）找出并分析产生生产进度瓶颈的因素。

（5）确定解决的时间、责任人以及解决的具体方法。

（6）实施解决办法，跟踪解决情况。

（7）重新评估整体生产线。

## 怎样改善生产效率

### 一、计算效率

要想改善班组的生产效率，班组长应该对效率进行计算，了解班组的效率情况。一般而言，班组长需要计算的效率主要有设定生产效率和实际作业效率。

1. 计算设定生产效率

设定生产效率体现的是管理人员的设定水平，它的计算公式是：

$$设定生产效率 = \frac{标准工时（ST）}{生产频率} \times 100\%$$

2. 计算实际作业效率

实际作业效率通常需要对一个岗位连续进行 5 次测定，取其平均值代替标准工时（ST）进行计算。实际作业效率体现的是作业者的作业能力，它的计算公式是：

$$实际作业效率 = \frac{实际作业时间}{生产频率} \times 100\%$$

## 二、效率改善的方向

改善效率主要着眼于三大方向，首先是让员工在最短的时间内完成作业任务；其次是使良品在制造瞬间的动作中能够稳定下来，保证作业的品质；最后是为员工创造出无负担的重复作业环境，尽量确保员工能够在安全舒适的状态下作业，从而实现品质的稳定化和生产的高效化。

## 三、改善效率的步骤

### 1. 明确改善目标

改善效率要明确改善的目标，可以通过列举改善理由来发现改善的必要点。

### 2. 分析改善目标

抓住事实，分析、把握改善目标的现状。

### 3. 构思改善的方法

通过对改善目标的分析与了解，掌握目标的要因，构思改善的方法。

### 4. 拟订改善方案

通过检讨、立案等方式，拟订相应的改善方案。

### 5. 实施改善方案

在生产管理中具体实施改善方案。

### 6. 监督与评估

在实施改善方案之后，班组长要对方案的效果进行监督与评估，确认方案的有效性。

## 四、改善效率的方法

改善效率最常见、最有效的方法是"五问四技巧加一表"法，即 5W、ERCS 技巧以及检查表。

### 1. 五问技术

5W 是从目的、地点、时间、人员、方法五个方面提出问题，所以又称"五问技术"。五个方面还可以各自被细分为多个问题，使管理者对问题的考虑更加全面、细致。班组长可以参考以下提问方法：

（1）目的。

对目的的提问可以让班组长进一步明确所选定的改善目标的作业目的。对目的的提问还可以细分为"为什么做"、"其他还可以做些什么"、"应当做些什么"等问题。

（2）地点。

对地点的提问有助于班组长选择更加合适的工作场所或部门。对地点的提问还可以细分为"为什么在那里做"、"还可以在哪里做"、"应当在哪里做"等问题。

（3）时间。

对时间的提问有助于班组长选定进行该项作业的最佳时机。对时间的提问还可以细分为"为什么在这时做"、"还可能在什么时候做"、"应当在什么时候做"等问题。

（4）人员。

对人员的提问是班组长确定最理想的作业者的有效方式之一。对人员的提问还可以细分为"为什么由他来做"、"还可以由谁来做"、"应当由谁来做"等问题。

（5）方法。

对方法的提问有助于班组长确定最好的作业方法。对方法的提问还可以细分为"为什么这样做"、"还可以怎么做"、"应当如何做"等问题。

对各个方面的提问越细致、越有序，越能够防止遗漏，找到解决的最佳方法。

2. ERCS 技巧

ERCS 技巧是指取消、合并、重排、简化技巧，它从四个方面考虑改进措施，也被称为"工作改进四种技巧"。

（1）取消。

它是指对于任何工作，班组长都要先确认该工作的必要性，取消不必要的应予。取消技巧包括：

1）取消所有可以取消的工作、步骤和动作。

2）取消笨拙或不自然、不流畅的动作。

3）尽量降低手的使用频率，如抓、握、推、搬运设备。

4）杜绝一切危险动作。

5）尽量减少员工肌肉力量的过度使用。

6）减少工作中的不规则性，如确定工作、工具的固定存放地点，形成习惯性动作。

7）除必要的休息外，杜绝一切怠工和闲置时间。

（2）合并。

它是指根据实际情况，尽量合并工作中可以合并的作业流程、作业动作、工具等。

1）合并各种工具，使其成为万能工具。

2）合并可以同时进行的作业，将两个或多个作业结合为一个作业或连续作业。

3）把突然改变方向的各种小动作，串成一个连续的曲线动作。

（3）重排。

它是指重新排列工作、工序顺序。

1）使工作由手向眼进行。

2）使两只手的工作负荷均衡，而且同时对称进行。

（4）简化。

它是指简化工作内容、作业步骤等，以节省能量。

1）减少目光搜索范围与变焦次数。

2）使工作能在正常区域内完成而不必移动身体，减小动作幅度。

3）使手柄、拉杆、踏板、按钮等控制器适合人体结构和运动机能。

4）在能够完成工作的基础上使用最小的肌肉群，并注意有节奏地使用。

5）在需要高强度肌肉力量时，借助惯性来获得能量帮助。

6）降低动作的复杂程度。

3. 工作改进分析检查表

工作改进分析检查表需要根据作业开展经验和工作实际不断加以充实和修改。作业改进分析检查表的制定和修改需要注意以下内容：

（1）作业改进分析检查表的基本原则在于，通过合并、缩短、合理安排步骤等方式，尽可能减少不必要的作业步骤，使各步骤更加经济合理。

（2）作业改进分析检查表需要考虑作业操作、工作顺序、设备改良与更新、工场布局、产品设计等方面是否具有可省略、合并、缩短、简化的地方。

（3）作业改进分析检查表需要考虑有无计数或检验的工作能被省略、合并、缩短和简化。

（4）作业改进分析检查表要让工艺过程更加安全。

## 怎样控制生产进度

生产进度控制，又称生产作业控制，是在生产计划执行过程中，对有关产品生产的数量和期限的控制。其目的在于提高效率、降低成本，按期生产出优质产品。生产进度控制是生产控制的基本方面，狭义的生产控制就是指生产进度控制。

生产进度控制要求从原材料投入生产到成品出产和入库的全过程都要进行控制，包括时间和数量上的控制。其基本内容主要包括：投入进度控制、出产进度控制和工序进度控制。其基本过程主要包括：分配作业、测定差距、处理差距、提出报告等。

### 一、生产进度的静态控制

静态控制是从数量方面控制进度的一种方法，它是指从某一"时点"（日）各生产环节所结存的制品、半成品的品种和数量的变化情况来掌握和控制生产进度。

静态控制的具体范围主要包括：

（1）原材料投入生产的实物与账目控制。

（2）在制品加工、检验、运送和储存的实物和账目控制。

（3）在制品流转交接的实物与账目控制。

（4）在制品出产期和投入期的控制。

（5）产成品验收入库的控制等。

生产进度静态控制的控制方法主要取决于生产类型和生产组织形式：

1. 大批量生产时

当大批量生产产品时，在制品在各个工序之间的流转具有一定的规律，各工序固定衔接，在制品的数量比较稳定。此时，通常采用轮班任务报告单，结合生产原始凭证或台账来进行在制品占用量的控制，使在制品的流转和储备经常保持正常占用水平。

2. 成批和单件生产时

成批和单件生产产品时，生产情况就比较复杂，因为产品的品种和批量经常轮换。此时，一般可采用工票或加工路线单来控制在制品的流转，并通过在制品台账来控制在制品占用量的变化情况，使它保持在允许的范围内。

3. 控制在制品占用量的组织工作

（1）将在制品的收发领用制度和考核制度与车间的岗位责任制、经济责任制结合起来。

（2）推广应用数字显示装置和工位器具，管理好原始凭证和台账，正确、及时地进行记账与核对工作。

（3）合理组织在制品的保管和运输，避免因丢失、损坏、变质、磕碰损伤等造成的损失。

（4）妥善处理在制品的返修、报废、代用、补发和回用。

（5）定期进行在制品的清点、盘存工作。

（6）加强检查站点对在制品流转的控制，认真核对项目、查点数量、检验质量及填报检查员值班报告单。

**二、生产进度的动态控制**

动态控制是从生产时间、进度方面或从时间序列纵向去进行观察、核算和分析比较，用以控制生产进度变化的一种方法。生产进度的动态控制一般包括投入进度控制、出产进度控制和工序进度控制等。

1. 投入进度控制

投入进度控制是指对产品开始投入的日期、数量、品种进行控制，它还包括检查各个生产环节、各种原材料、毛坯、零部件是否按提前期标准投入，以便能够符合生产计划和要求，它是进度控制的首要环节。投入进度控制的方法受企业生产类型的影响，一般分为以下两种：

（1）大批量生产投入进度控制方法。

可根据投产指令、投料单、投料进度表、投产日报表等进行控制。

（2）成批和单件生产投入进度控制方法。

可以利用投产计划表、配套计划表、加工路线单、工作命令及任务分配单来控制投入任务。

2. 出产进度控制

出产进度控制是指对产品或零部件的出产日期、出产提前期、出产量、出产均衡性和成套性的控制。出产进度的控制方法，通常是把计划出产进度同实际出产进度同列在一张表上进行比较来控制。根据不同的生产类型，出产进度控制方法主要有以下三种：

（1）大批量生产的出产进度控制方法。

可以利用生产日报同生产日历进度计划表进行比较，来控制每日的生产进度、累计出产进度和一定时间内生产均衡程度。

（2）成批生产的出产进度控制方法。

主要是根据零件成批标准生产计划、出产提前期、零部件日历进度表、零部件成套进度表和成批生产日历装配进度表来进行控制。

（3）单件小批生产的出产进度控制方法。

通常是直接利用作业计划图表，根据各项订货合同所规定的交货期进行控制。

3. 工序进度控制

工序进度控制是指对产品（零部件）在生产过程中经过的每道加工工序的进度所进行的控制。常见的工序进度控制方法主要包括：

（1）按加工路线单的工序顺序进行控制。

由车间、班组将加工路线单进行登记后，按加工路线单的工序进度及时派工，保证按时、按工序顺序加工。

（2）按工序票进行控制。

按零部件的加工顺序，在每一道工序开工序票，交给作业人员进行加工，完成后将工序票交回，如此循环往复地进行控制。

（3）跨车间工序进度控制。

如果零部件有跨车间加工，则需要加强跨车间工序的进度控制，控制的主要方法是明确协作车间的分工及交付时间，由零部件加工主要车间负责到底，将加工路线单下达给他们。

## 怎样安排紧急生产任务

紧急生产任务是指那些需要打破常规生产计划节奏，先行制造，急于出货的产品生产任务。紧急生产任务考验的是班组整体的应变能力，对班组而言，具有极大的挑战意义。

**一、紧急生产任务的特点**

（1）有时没有确定的出货时间，但要求越快越好。

（2）出货期限紧迫，超出正常的作业允许时间。

（3）可能是因为突然插单。

（4）运输方式发生改变，甚至有可能采用空运的方式。

**二、紧急生产任务产生的影响**

（1）出货紧急，没有太多的回旋时间处理争议问题。

（2）任务突然，没有充分的准备时间，准备工作比较仓促。

（3）成品可能直接出产，没有进入仓库存储的时间。

（4）生产、检验、试验和实验的步骤需要加快，甚至部分被省略。

**三、安排紧急生产任务的方法**

（1）评估紧急生产任务，对其金额、时间、客户等相关因素进行分析。

（2）召开紧急生产决策会议。

（3）按照会议决定迅速开展工作。

（4）实行简易式（或休克式）方式转产，冻结或清理原有生产过程。

（5）加快半成品的流动速度，减少工序间的半成品库存，缩短生产周期。

（6）和其他并不紧急的产品调节或调换生产。

（7）寻找厂商进行加工生产。

（8）合理组织人员进行适当加班。

（9）预计需要的完成时间，等实际完成后立即向上级报告。

# 怎样处理交货期延误

交货期延误是指生产车间没能在合同规定期限内完成产品的生产交货，交货期延误如果处理不善，容易损害企业的信誉，给企业带来不利影响。

## 一、交货期延误的原因

交货期延误的原因多种多样，常见的原因主要包括：

（1）接单管理不良，紧急接单多。

（2）产品技术性变更频繁。

（3）物料设计不良。

（4）产品制作过程中品质控制不良。

（5）设备不佳或设备维护保养欠缺。

（6）产品生产安排不合理。

（7）班组生产能力、负荷失调等。

## 二、交货期延误的改善对策

根据交货期延误的常见原因，从宏观上改善交货期延误现象需要做到：

（1）加强产销配合。

（2）完善设计/技术变更规范。

（3）妥善安排产品生产程序。

（4）完善物料控制。

（5）完善品管制度。

（6）建立及实施生产绩效管理制度。

产品生产的各部门在应对交货期延误问题时，也需要根据各自的问题，采取有效的改善措施，主要包括：

1. 销售部的改善对策

（1）用全局性、综合性的观点指导工作。

（2）改善销售职能的运作方式。

1）定期召开产销协调会议，促进产销一体化。

2）加强销售部门人员的工作技能和业务技能的培训。

3）编制中期需求预测表，为中期生产计划提供参考。

4）明确记录客户的订单更改要求。

2. 设计部或研发部的改善对策

（1）编制设计工作的进度管理表，严格控制设计进度。

（2）当内部能力不足时，要及时寻求外界的帮助。

（3）当无法如期提供合适的设计图纸时，可预先编订初期制程需要的图纸，尽量防止制程延误。

（4）推进设计的标准化，提高设计的工作效率。

（5）尽量避免在生产中途对设计图纸进行更改、修订。

（6）设计部门要分工明确、职责清晰。

3. 采购部的改善对策

（1）采用 ABC 分析法，实行重点管理。

（2）调查供应商、外协厂商不良品发生的情况，确定需要重点管制的厂家。

（3）采取具体有效的措施改善重点管理对象。

4. 生产部的改善对策

（1）合理进行作业配置。

（2）确定外协、外包政策。

（3）尽量缩短生产周期。

（4）制定作业指导书，实行作业规范化，确保作业品质，提高作业效率。

（5）定期编制现有的订货余额表、主要工程进度状况表、余力表和基准日程表，交给销售部门，以便于销售部门决定最适当的交货日期。

（6）加强对员工的教育和培训，提高员工的工作技能和工作积极性。

# 第三节 班组生产成本的核算与控制

## 成本的含义及现代成本控制观念

### 一、成本的含义

人们进行生产经营活动或达到一定的目的，所必须耗费的人力、物力、财力等资源，这些资源的货币表现及其对象化即为成本。

### 二、成本的构成

班组生产成本主要包括直接材料费、直接工资、制造费用以及其他支出等。成本的具体构成如下：

（1）原材料、辅助材料、备品备件、燃料等费用，表现商品生产中已耗费的劳动对象的价值。

（2）折旧费、维修费，表现商品生产中已耗费的劳动资料的价值。

（3）员工工资，表现生产者的必要劳动所创造的价值。

（4）损失性支出，如工业企业里的废品损失、停工损失等。

（5）各种保险、员工补贴、员工福利等。

### 三、现代成本控制观念

1. 成本动因不只限于产品数量

要想进行成本控制，就必须了解成本的来源、有关因素等。在大工业时期，产品品种单一，生产成本的主要花费是制造，体现在原材料成本和人工成本上，因此产品数量是成本的动因。

在市场经济快速发展的时期，现代产品生产中的科技含量增加，使得产品的制造成本并非只与产品生产数量直接相关，如果还按照传统方法计算产品成本，就会导致成本计算的错误，给企业带来损失。

作为企业的生产前线，基层班组要准确控制产品的成本，就要分析成本的多重动因。生产产品的必要劳动时间决定着产品的价值，所以控制成本就应该从作业入手，尽量让作业高效，减少甚至消除无效作业，这是各种现代成本控制方法的基础理念。

2. 成本的含义变得更为宽泛

传统的产品成本的含义一般只是指产品的制造成本，即包括产品的直接材料成本、直接人工成本和应该分摊的制造费用，而其他的费用都与产品完全无关。

然而，现代企业竞争激烈，只考察产品的制造成本会造成企业投资、生产决策的严重失误。从成本动因的角度去考虑，企业从产品引进到获利，其成本不仅是制造成本，而是贯穿产品生命周期的全部成本发生。因此，除了产品生产制造成本外，成本还包括了产品的开发设计成本、产品使用、维护、保养和废弃成本等所有与产品有关的资源耗费。

3. 时间成为重要的竞争因素

一方面，在激烈竞争的现代市场上，只有在保证产品质量和数量的前提下，让产品的生产周期变短，才能尽快抢占市场，所以投入更多的成本用于缩短设计、开发的生产时间以缩短产品上市的时间，是非常有必要的。

另一方面，时间的竞争力还表现在顾客产品服务的满意程度上，包括售前服务、售中服务和售后服务等。企业要充分满足客户的所有合理需求，使客户价值最大化，这样才能掌握市场动态。

4. 从成本节省到成本避免

传统的观念中，要想降低生产成本，唯一的途径就是力求在工作现场不浪费资源，通过改进工作方式达到节约将发生的成本支出。

但是现代企业要想从根本上降低成本，就要需要寻求新方法。例如，JIT（适时生产系统）的"零库存"，避免了几乎所有的存货成本；TQC（全面质量控制）的"零缺陷"，避免了所有的维修成本和不良品的成本。事前预防重于事后调整，这是现代成本避免的根本思想。

5. 成本控制的范围扩展到整个企业

传统观念中，成本控制只是会计部门和生产部门的事情。而现代意义上的成本，它包括产品从引入到获利整个过程中所有的人力、物力、财力的投入，因此，成本控制的范围也已经扩展到整个企业。

## 怎样进行生产成本核算

降低生产成本是企业获得效益的一个重要途径，而成本的有效降低，需要依据正确的成本核算。因此，企业组织班组长学习产品成本核算的一般程序和成本核算的基本方法是尤为必要的，它有利于班组长更好地在管理中向班组成员贯彻成本概念，做好成本控制。

### 一、成本核算的概念

成本核算是指对生产费用的发生和产品成本形成所进行的会计核算，它是成本管理的基础环节，为成本管理分析和管理控制提供信息基础。成本核算主要以会计核算为基础，以货币为计算单位。

### 二、成本核算的内容

成本核算分为传统成本核算和作业成本核算，它的主要内容包括材料成本核算、人工成本核算、制造费用核算。其中，材料成本核算最为重要，一般分为主要材料和辅助材料的成本核算。人工成本和制造费用的核算视情况而定，如果能确定成本归属，就将它们直接计入产品成本当中，如果不能明确划分成本归属，则需要根据实际生产工艺确定成本分配标准。

### 三、产品成本核算的基本程序

1. 对生产费用支出进行审核

班组长必须组织班组相关人员，根据国家、上级主管部门和本企业的有关制度、规定，严格审核班组内的生产费用支出，严厉剔除和制止一切不符合要求的费用，情况严重的，需要严格追究相关人员的经济责任。

2. 确定成本计算对象和成本项目

班组长要领导班组相关人员，从企业的实际生产情况和成本管理的特点出发，确定班组的成本计算对象和成本项目，并根据确定的成本计算对象开设产品成本明细账。

3. 对各要素费用进行分配

各项要素所需费用是不同的，班组长要对发生的各项要素的具体情况进行分析，然后将费用进行汇总，编制各种要素费用分配表，按其用途分配计入有关的生产成本明细账。

4. 进行综合费用的分配

在每个月末，班组长要组织班组相关人员采取一定的分配方式对班组的综合费用进行分配。班组的综合费用是指班组的"制造费用"、"生产成本——辅助生产成本"和"废品损失"等账户形成的费用。班组要将综合费用的分配情况记入到"生产成本——基本生产成本"以及有关的产品成本明细账中。

5. 对完成品成本与在制品成本进行划分

根据要素费用和综合费用的分配，以及所发生的各项生产费用的分配等情况，清楚记录下完成品的成本和在制品的成本。

如果没有在制品，产品成本明细账所归集的生产费用即为完成品的总成本；如果有在制品，就需要按照一定的划分方法，在产品成本明细账所归集的生产费用中，划分并计算出完成品的成本和在制品的成本。

6. 计算产品的总成本和单位成本

在品种法、分批法下，产品成本明细账中计算出的完工产品成本即为产品的总成本；分步法下，则需根据各生产步骤成本明细账进行顺序逐步结转或平行汇总，才能计算出产品的总成本。以产品的总成本除以产品的数量，就可以计算出产品的单位成本。

**四、获取成本资料**

（1）在管理制度许可的情况下，广泛收集和整理仓库和车间的单据。

（2）及时将生产过程中的各种记录、生产通知单、领料单、入库单等资料转交会计部门。

（3）将日常发生的与生产有关的费用归入生产成本或制造费用科目。

### 五、产品成本计算方法

产品成本基本的计算方法主要有品种法、分批法、分步法（平行结转分步法、逐步结转分步法）、作业成本法；成本核算的辅助方法有标准成本法、定额法、责任成本核算、联产品、副产品和等级品成本的计算。

下面对主要的计算方法进行介绍。

1. 品种法

（1）定义。

品种法是以产品品种为产品成本计算对象，归集生产费用，计算产品成本的一种方法。

（2）适用范围。

品种法是产品成本计算最基本、最简单的一种计算方法，一般被运用于大批量的简单生产或者单步骤生产的产品成本计算当中，因为这种大批量的简单生产或单步骤生产具有封闭性，属于单一生产，月末一般没有在制品存在，不需要划分完成品与在制品的费用。例如，自来水生产；原煤、原油开采；造纸厂；水泥厂等。

（3）计算程序。

1）设置生产明细账或成本计算单。

要按产品品种设置基本生产明细账或成本计算单，在账中要设立各成本项目专栏。

2）归集生产中的所有费用。

当生产的是单一产品时，直接费用便是全部的生产费用，此时不需要考虑产品之间生产费用的分配问题，可以直接根据费用分配表和有关凭证，计算成本计算单中有关成本项目；当生产的产品有多种时，则需要分开计算直接费用和间接费用，然后归集生产费用。

3）计算产品成本。

如果没有在制品，或在制品的数量很少时，可以不计算在制品的成本，完成品的总成本就是产品成本计算中归集的生产费用；如果存在在制品，并且在制品的数量较多，就需要采用适当的分配方法，根据在制品和完成品的数量，对产品成本计算中归集的生产费用进行分配，以便计算完成品成本和在制品成本。

2. 分批法

（1）定义。

分批法是以产品的批别作为成本计算对象，归集生产费用，计算产品成本的一种方法。

（2）适用范围。

分批法适用于单件、小批、装配式、多步骤生产，如重型机器制造、船舶制造、精密仪器制造、新产品试制和试验、机器设备的修理作业、工模具制造等。

（3）计算程序。

1）设置生产明细账或成本计算单。

一般应按订单或产品批别设置基本生产明细账、辅助生产成本明细账或成本计算单，账中要设立成本项目专栏。

如果生产规模较大，就要对产品成本进行分级，除了按车间设置制造费用明细账外，还要设置待摊费用、预提费用等明细账。

2）归集生产费用。

编制各种要素费用分配表，按月归集各批产品发生的生产费用。归集的基本原则包括：能按订单或批别划分的直接费用，直接记入该成本计算单；不能按订单或批别划分的间接费用，需要根据受益对象及受益程度进行分配，采用当月分配法和累计分配法进行计算。

当月分配法是指分配间接费用时，不论各批次产品是否完工，都要按当月分配率分配其应负担的间接费用。其计算公式为：

分配率＝当月发出的间接费用÷当月分配标准（工时）总数

某批产品应分配的间接费用=该批产品当月发生的分配标准（工时）×分配率

采用当月分配法，每个月末完工批次或订单也要按月结转间接费用，因此，各月末间接费用明细账中是没有余额的。当月分配法适用于生产周期短、产品批数少、产品数量也不多的生产。

累计分配法是指分配间接费用时，暂不分配当月未完工批次的在制品所应负担的制造费用，而是等到批次完工后，连同继续发生的制造费用一起分配的一种方法，而且是按累计分配率分配。其计算公式为：

累计分配率=各批产品累计间接费用÷各批产品累计分配标准（工时）

某批产品应分配的间接费用=该批产品累计分配标准（工时）×累计分配率

累计分配法可以简化核算，它适用于在同期内投产批数多、月末在产品数量也多的生产。

3）计算产品成本。

月末根据完工批别的完工通知单，将计入已完工的该批产品的成本明细账所归集的生产费用，按成本项目加以汇总，就可以计算出完工产品总成本和单位成本。

3. 分步法

（1）定义。

分步法是以产品生产步骤和品种为成本计算对象，来归集和分配生产费用、计算产品成本的一种方法。

（2）适用范围。

分步法适用于连续、大量、多步骤的生产，比如纺织、水泥、冶金、造纸、化工、家用电器生产等。

（3）分步方式。

在实际生产工作中，分步法在结转各步骤成本时，可以采用平行结转分步法和逐步结转分步法两种方式。

1）平行结转分步法。

平行结转分步法也被称为不计算半成品成本法，它只计算本步骤内发生的生产费用，包括本步骤内的半成品生产费用，所以半成品发生转移并不影响半成品的结转。这种分步转结法主要适用于大批量装配式多步骤的生产。

2）逐步结转分步法。

逐步结转分步法也被称为顺序结转法，它是按照产品加工顺序，根据生产步骤所汇集的成本，费用和产量记录，逐步计算，逐步结转累计，直到最后加工步骤才能计算出产品成本的一种分步法。

4. 作业成本法

（1）定义。

作业成本法是指以作业为核算对象，通过成本动因来确认和计量作业量，并以此为基础分配间接费用的一种成本计算方法。

与品种法、分批法和分步法不同，作业成本法是传统成本会计系统的一种替代方法，其理论基础是产品消耗作业，作业消耗资源从而导致成本的发生。

（2）适用范围。

作业成本法主要适用于两种情况，一种是当非产量相关制造费用比重加大的时候；另一种是产品多样性程度提高的时候。

（3）计算程序。

1）归集直接成本费用。

直接成本主要包括直接材料、直接人工和其他直接费用。直接成本的计算方法和传统的成本计算方法一样。其中，直接材料通常在生产成本中占有较大的比重，所以直接材料成本的计算对最终整个产品成本的计算有很大影响，而直接人工成本是指直接用于产品生产而发生的人工费用。

2）鉴定、划分作业。

鉴定作业是班组进行作业成本核算前非常重要的一个程序，作业的确定是作业成本信息系统成功运行的前提条件。作业鉴定人员首先要分析确定构成班组作业链的具体作业，其次要进行适当的划分，作业的鉴定与划分是设计作业成本核算系统的难点与重点，作业划分得当，能确保作业成本信息系统的正确度与可操作性。

3）归集成本库费用。

鉴定、划分好作业之后，生产成本核算人员需要以作业为对象，根据作业消耗资源的情况，归集各作业发生的各种费用，并集合每个作业发生的费用，制作一个成本库。

4）确定成本动因。

所谓成本动因，就是指引起成本发生的各种因素，例如，搬运次数或搬运重量。通常情况下，一个成本库有好几个成本动因，每个成本动因与成本库费用之间的关系强弱各不相同。成本核算人员需要为每一成本库选择一个与成本库费用在强线性关系的成本动因。

5）计算成本动因费率。

成本动因费率是指单位成本动因所引起的制造费用的数量。成本动因费率的计算公式是：

成本动因费率=成本库费用÷成本库成本动因总量

这个公式也可以用字母表示为 $R=C/D$，其中，R 表示成本库的成本动因费率；C 表示成本库的费用；D 表示成本库的成本动因总量。

6）分配成本库费用。

计算出成本动因费率后，成本核算人员需要根据各产品消耗各成本库的成本动因数量，对成本库费用进行分配，每种产品从各成本库中分配到的费用之和，就是该产品的费用分配额。

7）计算产品成本。

生产产品的总成本是指生产产品所发生的直接成本与制造费用的总和，所以产品的生产总成本计算公式为：

产品生产总成本 = 直接材料成本 + 直接人工成本 + 制造费用

## 怎样进行生产成本控制

生产成本控制是企业为了降低成本，对各种生产消耗和费用进行引导、限制及监督，将实际成本维持在预定的标准成本之内的一系列工作。班组长是企业生产成本控制基础性工作的关键岗位，在控制生产成本上，班组长应当积极协助生产主管和企业财务人员，实施更为先进的作业成本管理、目标成本管理方法。具体的，班组长可以从以下六个方面着手：

### 一、落实各项经济指标

班组长在组织管理班组生产过程中，应当充分了解生产主管分解到班组的成本计划，认真落实计划中所规定的各项经济指标。

### 二、遵守费用审批制度

班组长在管理班组日常生产事务时，要严格遵守费用审批制度，做到一切费用预算在开支以前都要经过申请、批准手续，得到批准后才能支付。

### 三、遵守材料物资的计算验收制度

材料物资的计量和验收，既是材料物资管理的基础工作，又为材料物资的计价提供基础数据。如实计量和验收材料物资，是对产品成本中的材料费用进行正确核算的保证。因此，班组长要严格遵守企业建立的材料物资计量验收制度，并建立相应的计量和验收制度，监督和完善材料物资的收发、领退以及产品、半成品的内部转移工作。

### 四、积极推行定额管理

定额是企业在一定的生产技术和生产组织条件下，对生产经营活动中的各种耗费所制定的标准或应达到的要求。定额管理制度是以定额为依据来安排计划、组织生产、控制消耗的一种科学管理制度。

班组长要在班组内积极推行定额管理，建立健全定额管理制度，加强对定额执行情况的核算、检查和分析工作，并根据生产技术水平的变化和管理水平的提高，定期修订定额。

### 五、收集整理原始记录与数据

原始记录是成本与控制核算赖以进行的基础资料或第一手资料。班组应根据成本控制和成本核算的需要，结合企业管理的要求，建立健全、简便、易行的原始记录制度，保证原始记录的真实、齐全，并及时传递，以便为成本核算和企业有关管理工作提供可靠资料。

### 六、加强员工成本意识

班组长要利用各种培训、活动的机会，教育员工控制生产成本，加强员工成本意识，提高员工控制成本的能力，如组织员工广泛参与"小指标竞赛"、降低成本的技术攻关活动等。成本控制需要有广泛的员工基础，加强员工的成本意识，是成本控制中基础性的工作。

## 日常管理中的"跑、冒、滴、漏"

### 一、什么叫日常管理中的"跑、冒、滴、漏"

所谓"跑、冒、滴、漏"，是指生产过程中存在的一系列缺陷，这些缺陷，具体表现为：

1. 跑

在生产执行过程中没有按照规范的标准进行操作，其生产行为没有受到制度的约束和控制，从而"跑"出了控制范围。

2. 冒

管理制度或者文件中是否会有新的调整、新的改进，会不会"冒"出新变化，如果"冒"出来，怎么办？

3. 滴

指在两个连续的操作过程中，没有做好信息传递的工作，沟通不顺畅，执行不明确，责任不清晰。

4. 漏

指管理制度或者文件中有个别内容被大家忽视，从而无人操作和实施，也没有相关的负责人；或者个别规定没有被发现或觉察，进而没有去督导、检查，更没有落实到位、到人。

### 二、改善措施

班组长应充分认识日常管理中的"跑、冒、滴、漏"缺陷，并认真应对。应对的技巧主要在于反复检查、逐步完善，坚持改正。因此，要做好现场管理，班组长应当做好"四字经"：查、记、勤、改。

1. 查

班组长要随时对生产现场进行巡查，加强监督，及时发现问题，彻底解决问题。

2. 记

对于违反制度规定的操作情况，班组长要进行详细记录，内容包括操作人员、违反的规定、生产的批号、使用的设备、时间、生产效果等。

3. 勤

班组长在发现问题后不能敷衍了事，而是要更加勤快，反复检查，反复强调。

4. 改

班组长要经常对员工进行培训指导，亲自示范，帮助员工改正这些错误。班组长自身也要针对这些管理问题，加强自我监督，改正不良管理。

# 改变班组日常现场管理陋习

## 一、常见的企业日常现场管理陋习

### 1. 权责不分

现场管理权责不分，责任交叉，没有明确负责人，导致员工互相扯皮、推诿。

### 2. 作业敷衍了事

由于缺乏完善健全的激励考核机制，现场作业人员没有强烈的责任心，作业敷衍了事。

### 3. 浪费严重

班组没有建立完善的成本、费用薪资结构，生产现场浪费非常严重，大大增加了生产成本。

### 4. 目标不清晰

班组日常现场管理中没有全面性的、阶段性的目标，或者目标不明确、不清晰。

## 二、解决办法

### 1. 明确责任，贯彻落实

没有得到贯彻落实的管理制度，即使再健全、再完整，也只是一纸空文，不能真正起到保障现场管理的作用。

班组长可以在班组生产现场推行"区域责任制"，将生产现场划分为个人区域、班组区域、公共区域。区域内设备、工作台、工位器具、零部件、运转工具、工装夹具等一切物品，都要被划入各自管辖区域，使得每一件事、每一个管理环节都有责任人。这样就可以有效避免扯皮现象。

**2. 真抓、真管、严查**

作为班组长，一定要认真负责，对于现场生产活动要随时检查，时刻按照管理规定严格管理员工，不能放松。对于违反规定的员工，要视情节轻重给予相应的惩罚；对于认真遵守规定的员工，可以给予肯定和奖励。

**3. 建立自控体系**

仅靠班组长每个月几次的现场检查是不可能实现良好的现场管理的，还需要班组全员的力量，需要班组全员的共同努力。班组长必须将现场管理主体下移，落实责任主体，自下向上建立一个全员参与的自控体系，靠操作人员自觉主动地去监督控制自己，这样才能更加有效、更加全面地做到良好的现场管理。

**4. 开展"创新管理"活动，发挥综合管理效能**

现场管理是一项长期性、反复性的工作，让员工自觉、自愿融入现场是刚性需求，班组长需要做到：

（1）创新管理思想，即把现场管理看成一项历史责任，当作一项自己应尽的义务。

（2）创新管理措施，即管理者要实施现场管理主体下移，落实责任主体，调动基层单位自我检查、自我约束、自主管理机制。

（3）创新管理方法，即坚持以改革为动力，以管理为主线，以创新求突破，以改善为切入点，按照 PDCA 循环不断推行 5S 活动。

## 消除物流浪费

物流在企业产品和服务质量中的地位越来越突出，完善的物流配送体系必然能够有效解决时间和空间的供求矛盾，满足消费者的个性化消费需求。离开了现代物流就没有真正的服务质量，企业的班组要想减少甚至消除物流浪费，就必须通过降低物流成本来实现。具体来说，主要有以下方法：

### 一、采取全程供应链管理模式

传统物流管理更注重的是对"内部供应链"的管理，但这种局部管理模式忽略了与其他企业及客户之间的关系，协调合作不理想，物流浪费也比较严重。要想消除这种现象，就必须转向关注从客户到供应商整个链条性能的"全程供应链"管理，协调与供应链内部其他企业以及客户之间的关系，与供应商、销售渠道保持紧密的联系，随时掌握市场的动态，并且加强在各个环节的协同，从而实现整个供应链活动的成本最小化。

### 二、降低运输成本

1. 制定最优运输计划

运输不能漫无目的，要根据客户对产品的需求情况制定一个相对合适的运输计划，坚持先来后到原则。

2. 减少运输环节

运输环节多，运输过程繁杂是造成物流浪费的一个重要原因，因此，减少物流浪费需要从运输环节入手。对于能够直接运输的产品，就应尽可能采取直达运输的方式，由产地直运到销售地或用户，避免二次运输，这样可以消除相向运输、迂回运输等不合理现象。

3. 合理选择运输工具

运输工具的选择要根据产品本身、运输距离、客户要求等进行，要从经济性、迅速性、便捷性、安全性等多方面来考虑，以求达到一个最佳的平衡点。

4. 提高货物装载量

对于疏松的商品，可以压缩体积；对于不疏松的商品，可以改进包装，消除多余空间。同时，积极改善车辆的装载技术和装载方法，也可以提高货物的装载量，运输更多的货物。

5. 合理选择运输方式

采用零担凑整、集装箱、捎脚回空等方法，扩大每次运输批量，减少运输次数。

### 三、降低仓储成本

优化仓库布局，减少库存点，削减不必要的固定费用，也是减少物流浪费的一个重要方法。可以通过建立大规模的物流中心，集中管理散乱的库存，对一定范围内的用户进行直接配送。不过，仓库的减少和库存的集中并非都能够起到降低运输成本的作用，仓库成本、运输成本、配送成本之间有着密切的联系，因此，要想将物流成本降到最低，需要综合考虑这三大成本，寻找平衡点。

### 四、提高信息化水平

减少冗余的、错误的信息传递，提高信息的收集、处理、传播的速度及信息的正确性。

## 消除生产成本浪费的八大方法

### 一、建立生产标准

生产标准是产品规范化生产的保证，是产品检查的依据。班组长要建立和完善班组的生产标准，让生产实现自动化、愚巧化。加强对员工的指导和监督，要全面、完整地对生产的产品进行检查，以达到无停滞的流程作业。

### 二、加强各部门的协调合作

各部门协调不好容易造成管理的浪费，这就需要班组长加强各部门的协调合作，使各部门紧密结合在一起，以达到对工厂资源的最合理利用。

### 三、工程设计适量化

在对作业内容进行重新评估的基础上，分析总结工程设计中的不足，找到一种最合适的高效设计方式，适当进行设计，改善生产方式、生产工具等，减少加工不必要的浪费。

### 四、坚持后拉式看板生产

工厂生产应该符合后拉式看板生产方式，也就是在接到订单后才开始生产，这样是根据实际需求进行的生产，可以防止生产过剩、产品库存积压现象的产生。

## 五、优化生产现场布置

生产现场的布置，应当充分考虑空间的合理利用，尽量使员工行走路线最短化，消除员工多余、费力的动作和在生产过程中一切与工作无关的动作，并改良其动作，减少不必要的浪费。最为理想的生产现场应该以 U 字形进行生产布置，以达到首尾接应的效果。

## 六、合理安排生产计划

在接到客户订单后，马上制定合理的生产计划，确定生产日期和交货期，在生产前一天要将所需的原材料储备好，全面开展生产。

## 七、减少搬运浪费

减少搬运次数、增加搬运数量是减少搬运浪费的有效方式。所以，企业生产还是要符合后拉式看板生产，即在接到客户订单后才生产所需产品的数量，生产完后直接运送到客户手里，以减少库存的产生，减少搬运的次数。

## 八、消除库存浪费

消除库存浪费关键在于改革库存意识，在生产方式中要尽量符合平准化生产方式，使生产过程整体化、流程化，彻底贯彻实施看板生产，以减少库存产生。

**经典案例**

### 降低辅助材料成本，向管理要效益

特变电气有限公司是天威集团输变电产业中的重点控股子公司，它承担着天威集团 200 千伏级及以下的电力、特种变压器的生产任务。2008 年生产产量 1053 万千伏安，销售收入 6.2 亿元。它的产品在全国乃至全世界都是非常有地位的，既将产品行销全国各地，又将产品出口日本、朝鲜、马来西亚等多个国家。特别是变频调速用整流变压器，市场占有率达 70%以上。

企业的最终目的就是盈利，盈利除了依靠提高收益，还需要通过降低成本来实现，尤其是要降低基层班组的生产管理成本。特变电气有限公司要想保持企业在变压器行业中的领先地位，也必须要学会有效的成本管理。成本管理是一项系统、复杂的管理工作，要想降低成本，就必须管理好材料采购、材料使用以及各项费用。

为此，特变电气有限公司严把材料使用关，由工艺制造部制定主要材料的使用定额，车间基层班组严格按照定额领发材料。如果出现超定额使用的现象，必须严查原因，明确责任。

同时，特变电气有限公司结合企业基层班组中各工序生产的不同特点，从严建立和完善了一套挖潜革新体系，包括材料的分类管理，对员工的节财建议实行奖励制度，制定各种辅助材料使用定额等。这些举措不仅调动了全体员工降低成本增加经济效益的积极性，而且还降低了生产成本，增加了企业利润。

特变电气有限公司还要求车间材料员及成本员每天必到生产班组，观察并监督各种材料的使用情况。对于浪费现象，给予批评和惩罚；对于节约现象，给予表扬和肯定。

同时，基层班组长还经常组织班组员工进行学习，形成了"全员全面降成本，深入持续降成本"的成本文化，大大提高了班组员工对于成本节约实施的积极性，他们总是能够针对成本节约问题提出自己的看法。

特变电气有限公司的材料管理并不是一成不变的，它在实践中被不断创新，是全体班组成员智慧的体现。特变电气有限公司对于发现浪费现象的和提出修旧利废、革新技术的合理化建议的员工视情况给予一定的奖励。员工节材建议的有效实施，既让员工开拓了思维，体现了自身在工作中的价值，也为公司创造了效益。

节约从身边做起，从小事做起。辅助材料看似没有多大作用，实际却占了成本很大一部分，特变电气有限公司基层班组的各种节约辅助材料的措施大大节约了生产成本，为企业赢来了更多的效益。只有将节约成本的意识贯穿于整个企业的生产，企业才会持续健康发展。

# 第四章　作业现场管理：严看死守，让作业井然有序

## 什么是目视管理

### 一、目视管理的含义

所谓目视管理，它是指利用形象直观而又色彩适宜的各种视觉感知信息来组织现场生产活动，提高劳动生产率的一种科学的管理方法。目视管理以公开化和视觉显示为特征，目的在于尽可能地让员工看到管理者的要求和意图，借以推动员工的自主管理和自我控制。

### 二、目视管理的内容

1. 色彩标准化管理

色彩是现场管理中常用的一种视觉信号，目视管理要求科学、合理、巧妙地运用色彩，并实现统一的标准化管理。

色彩的设定需要根据不同的物理指标来确定，一般来说，波长、反射系数等强光照射的设备，多用蓝灰色；危险信号多用红色。

色彩的设定也要充分考虑人的生理和心理因素。例如，高温车间的涂色应以冷色调为主，包括浅蓝、蓝绿、白色等，可给人以清爽舒心之感；低温

车间则应以暖色调为主，包括红、橙、黄等，可给人以温暖之感；热处理设备应使用铅灰色，以起到降低"心理温度"的作用。

总而言之，班组长要根据不同色彩所代表的不同信号、不同内涵，严格执行色彩标准化管理，让所有员工都能明白每种颜色代表什么意思，避免发生误读信号而造成生产异常等问题。

**2. 规章制度与工作标准的公开化**

制度和标准的公开化，是目视管理需要坚持的首要原则。班组长应当将与岗位员工有直接联系的岗位责任制、操作程序图、工艺片等，展示在员工的相应岗位上，并保持它们的完整、正确和洁净。只有让作业人员清楚与自己密切相关的规章制度、标准、定额，才能够维护统一的组织和严格的纪律，保持大工业生产所要求的比例性和节奏性，提高劳动生产率，实现安全生产和文明生产。

**3. 生产任务与完成情况的图表化**

生产任务代表着一种计划，完成情况代表着结果，班组长需要制定生产任务与完成情况对比图，让每个员工都能够得到及时的反馈，准确了解自己当前的工作情况。

例如，计划指标要落实到车间、班组和个人，注意定期层层分解，并列表贴在墙上；相应的实际完成情况也要及时公布在旁边，并将其图表化，使大家能够看清各项计划指标完成中出现的问题和发展的趋势，以促使集体和个人都按质、按量、按期地完成各自的任务。

**4. 与定制管理相结合，实现视觉显示信息的标准化**

所谓定制管理是对物的特定管理，是其他各项专业管理在生产现场的综合运用和补充，是企业在生产活动中，研究人、物、场所三者关系的一门科学。它是通过整理，把生产过程中不需要的东西清除掉，不断改善生产现场条件，科学地利用场所，向空间要效益；通过整顿，促进人与物的有效结合，使生产中需要的东西随手可得，向时间要效益，从而实现生产现场管理规范化与科学化。

班组长要将目视管理与定制管理相结合，按定制管理的要求，采用清晰的、标准化的信息显示符号，运用标准颜色，将各种区域、通道，各种辅助工具等进行涂抹标注。

**5. 生产作业控制手段的形象直观与使用方便化**

班组长要建立简单实用的信息传导信号，让生产过程中的每个环节、每道工序都严格按照期量标准进行生产。即便在班组长不在的情况下发生工序故障，也能够通过操作员看到信号后，及时选择停止投入，减少了不必要的浪费。

另外，生产作业的质量和成本控制，也要实行目视管理。例如，在各质量管理点设置质量控制图，这样可以随时了解产品质量的状态，发生异常可以及时处理。车间要利用板报形式，将"不良品统计日报"公布于众，并将不良品展示出来，由有关人员会诊分析，确定改进措施，防止此类质量问题再度发生。

**6. 物品的码放和运送的数量标准化**

班组长可以对各种物品实行"五五码放"的方式，将各类工位器具，包括箱、盒、盘、小车等，按规定的标准数量盛装，这样，操作、搬运和检验人员点数时既方便又准确。

**7. 现场人员着装的统一化与实行挂牌制度**

统一现场作业人员的着装能够体现企业生产的正规化和标准化，另外，统一的着装也能够起到凝聚人心的作用，使员工产生归属感、荣誉感、责任心。

对不同工序、不同职位的人采用不同的服饰和挂牌，能够有效组织指挥生产，也可创造一定的方便条件。

挂牌制度包括单位挂牌和个人佩戴标志。它是根据企业等级任务的不同和个人职位的不同进行分类的佩戴标志，能够激励企业进步，也会给人以压力和动力，达到催人进取、推动工作的目的。

## 为什么要进行目视管理

目视管理作为一种科学有效的可视化管理方式，被广泛运用于企业管理、公共场所管理等各种管理当中，并起到了非常显要的作用。

班组作为企业的基层，对班组进行管理，同样需要发挥目视管理的可视化、公开化、透明化的特点。班组长选择目视管理方式进行班组管理，主要是由于目视管理对班组管理具有积极的作用，包括：

### 一、有效传递信息

目视化管理采用视觉信号显示手段，可以迅速而准确地传递信息，让现场作业人员对工作任务和要求一目了然，班组长不需要进行一一指挥，就能够有效地组织生产。

### 二、明确操作规范

目视管理能够让员工准确了解各种操作规范和要求，使操作内容易于遵守、执行。

### 三、直观显示各种异常

目视管理能够直观显现操作、设备、物资等存在的各种异常状态和潜在问题。

### 四、促进形象标准化，推动生产

目视化管理所使用的工具与色彩非常规范、标准，各种可视化的管理工具做到了统一，便于员工理解与记忆，并在这种管理方式下迅速生产。

### 五、提高工作效率

目视管理形象直观，它是一种"看得见的管理"，什么人什么时候在什么地点做什么事情等都可以看得清楚，这就有利于大家互相监督，促使大家都能自觉地工作，从而提高工作效率。

### 六、实现预防管理

目视管理能够通过直观显现潜在问题的方式，提醒相关人员做好预防管理工作。

### 七、促进班组文化的形成和建立

目视管理将管理内容公开化，让班组员工参与并清楚各方面的管理规范，有利于促进班组文化，尤其是班组民主文化的形成与建立。

## 实施目视管理的三大原则

### 一、曝光问题

曝光问题是目视管理的第一个原则，它是指作业现场一旦出现事故苗头，就能让人立即发现。在生产过程中，如果设备或生产上的异常无法被监测出来，无法被及时发现，那么，很可能会埋下极大的事故隐患，给班组生产作业甚至是整个企业带来巨大的损失。

班组长在班组管理中严格遵循实施目视管理的曝光问题原则，能够起到以下作用：

#### 1. 避免不合格产品的堆积

如果没有人发现生产作业过程中存在的一些问题，就容易导致班组生产出堆积如山的不合格品，这些不合格品的生产不仅会浪费资源，还会延误生产期限。而如果班组长能够采用目视管理，在生产中附有"自动化"装置的机器，坚持使问题曝光的原则，只要一有不合格品产生，就能自动停止生产，当机器自动停止后，问题就能看出来了，那么就能够有效地避免不合格产品的堆积带来的损失。

#### 2. 加快解决问题的速度

班组解决问题需要依照最高管理者下达的指令。在传统的管理当中，大部分最高管理者下达指令前需要处于生产现场的基层管理者的传达。在基层管理者层层上报的过程中，信息就越来越抽象，远离了事实，还延误了解决的时间。然而在实施目视管理的场所，管理人员只要一走入现场，一眼即可看出问题的所在，并能够当场下达指示，及时指挥作业人员解决问题。

### 二、能当场直接接触到现场的事实

使作业人员及督导人员能当场直接接触到现场的事实是实施目视管理的第二个原则。

"尽量减少管理、尽量自主管理"已经成为现代化管理的一大要求，它是民主管理的体现。只有目视管理能够使这种符合人性要求的管理法则发挥得淋漓尽致。

实施目视管理，能够有效地判定每件事是否处于控制状态中，能够在异常发生时，马上发送警告信息，提醒班组督导人员和作业人员注意目前的情况。即使班组内的各个工序之间、督导人员和员工之间互不相识，没有过多了解，但他们通过眼睛观察也能正确地把握班组的现场运行状况，并准确判断出班组工作的正常与异常，有效实现他们的"自主管理"，能够省却许多无谓的请求、命令及询问，确保管理系统的高效运作。

### 三、能使改善的目标清晰化

使改善的目标清晰化是班组实施目视管理的第三个原则。

企业最高管理部门设定的关于公司的长期和中期发展方针以及年度方针等，需要通过目视化陈列传达给基层班组的每一位员工。通常情况下，这些方针都是以文字或图表等形式，被绘制成展板，并陈列在工厂的作业现场、大门口或餐厅等地方，让员工了解企业的新方针、新政策、改善的新目标，并清楚自己为什么必须从事改善的活动。

只有让班组员工充分了解他们的改善活动与公司的经营策略相关，让他们存有执行任务的感觉时，他们对改善活动才会有更加深刻的认识，才能更积极地参与到改善活动当中。

目视管理具有维持功能和改善功能，它是稳定流程和改进流程的一种重要工具，有助于认定问题，凸显出目标与现状之间的差异，使改善目标更加清晰，鼓舞班组员工努力达成管理目标。

## 目视管理的常用工具

目视管理以视觉信号显示作为基本手段，为了使这种"看得见的管理"更让人一目了然，目视管理通常会使用一些较为简易的工具，目视管理常用的工具包括：

### 一、告示板

告示板就是日常人们所说的公告，它是一种及时管理的道具，一般用来通知近期的事宜、会议、奖惩情况等，是较为常见的目视管理工具。

## 二、看板

看板一般用来表示物品放置的场所等基本状况。例如，物品的具体位置，物品的作用，物品的数量，该物品由谁负责等，这样不仅便于管理，更能够让人一目了然。

## 三、生产管理板

生产管理板是一种用于解释生产线的生产状况、进度的表示板。生产管理板上一般记录的是生产实绩、设备开动率、异常原因等，它被用于看板管理。

## 四、红牌

红牌主要用于现场管理中的整理作业，它是改善的基础起点，用来区分日常生产活动中的非必需品，挂红牌活动又称为红牌作战。

## 五、信号灯

信号灯是工序内发生异常时，用于通知管理人员的工具。信号灯对于现场生产管理而言，是十分重要的目视管理工具。信号灯的种类主要包括：

### 1. 进度灯

进度灯是班组流水线作业管理中较为常见的一种信号灯，它主要被安装在组装生产线上，在手动或半自动生产线，它的每一道工序间隔是 1~2 分钟，用于控制组装节拍，以保证产量。当有几分钟的节拍间隔长度时，它被用于作业。与作业的步骤和顺序相对应，进度灯一般被分为 10 分，实行标准化程序。

### 2. 运转指示灯

运转指示灯主要用于显示设备的运转状态、机器开动、转换或停止的状况等，在设备停止时还可以显示设备停止的原因，便于作业人员了解、检修设备。

### 3. 发音信号灯

发音信号灯一般被用于通知物料供需请求的时候。当工序内物料用完或不足时，相应的供需的信号灯亮了，扩音器马上会通知搬送人员立即供应，确保作业不因物料供应不足而停滞。

### 4.异常信号灯

异常信号灯主要用于显示产品质量不良或作业异常等情况，通常被安装在大型工厂的较长的生产、装配流水线上。

异常信号灯一般装置了红、黄两种灯，由员工来控制，当发生零部件用完、出现不良产品或产生机器故障等异常时，由员工按下红灯的按钮，通知生产管理人员和工厂其他作业人员全部停下手中的工作，马上前往异常现场，进行调查处理，等到异常被排除以后，管理人员就可以把这个信号灯关掉，然后继续维持作业和生产。

### 六、操作流程图

操作流程图也被称为步骤图，它是描述工序重点和作业顺序的简明指示书，主要用于指导生产作业。在一般的车间内，特别是工序比较复杂的车间，在看板管理上一定要有个操作流程图。操作流程图标示着各个工序流程的顺序和重点，提醒员工按正确的操作程序作业。例如，原材料进来后，第一个流程可能是签收，第二个流程可能是点料，第三个流程可能是转换，或者转制，这些都被标示在操作流程图当中。

### 七、警示线

警示线一般被用于看板作战中，就是在仓库或其他物品放置处涂上彩色漆线，表示最大或最小库存量。

### 八、安全标牌

在一些高压电供应处等存在危险的地方，一般都要设置安全标牌，提醒作业人员注意。

### 九、区域线

区域线就是用线画出各个生产工序或成品、半成品放置的场所、通道等区域，方便生产现场管理和产品的管理、整理与整顿，便于查明产品异常，并有效处理。

## 目视管理的基本要求与关键因素

### 一、目视管理的基本要求

推行目视管理，要注重实用性，严格按照实际需求进行，防止"形式主义"，要有计划、有重点地逐步开展。因此，在推行过程中，班组长一定要把握好目视管理的基本要求，并严格做到这些基本要求。

1. 统一

目视管理要坚持标准性原则，不能搞五花八门的东西，要消除杂乱现象。

2. 简约

目视管理要求要简洁明了，让人一目了然，便于执行。

3. 鲜明

目视管理要求各种显示信号要醒目、清楚、正确无误，位置要适宜，设置在大家都看得到的地方。

4. 实用

目视管理要求各种工具的选择要讲究经济实用，讲究实效，不摆花架子。

5. 严格

目视管理要求各项管理必须严格执行，对违反管理规定的员工要严肃处置，绝不可流于形式。要加强目视管理的权威性。

### 二、目视管理的关键因素

目视管理的关键因素主要包括以下八点：

（1）活用信息。

（2）发挥全员的智慧。

（3）多学多做。

（4）充分利用五官。

（5）循序渐进。

（6）做到一目了然。

（7）投入具体创意。

（8）描绘理想的状态。

# 实施目视管理的方式与手段

## 一、班组目视管理的实施方式

### 1. 建立全面参与机制

班组长应当明确班组管理方针，在获得班组员工理解与认可的基础上，集结全员力量，建立全员参与机制，稳固基层管理。

### 2. 推行 5S 活动

班组长要在班组内推行、实施 5S 活动，明确员工的责任分担，培养员工遵守既定规则的修养。

### 3. 改善实施流程和流向

目视管理体制非常重要，因此，班组长在管理班组过程中，必须扩大视野，井然有序地改善流程和流向。

### 4. 规划放置场所

班组长要明确规划班组的物品放置场所，尽量减少库存，建立一体化生产体系，减少管理事务，方便管理。

### 5. 掌握突发状况

班组长应当明确对突发状况的定义和判断基准，并根据目视管理的不同要素和不同功能，正确选用管理方式，最好制定关于突发状况处理方法的规则、手册等，并注重训练、培养异常情况处理人才。

### 6. 建立和完善管理体制

各现场就实绩图表和作业管理看板等应建立适宜的管理体制。

### 7. 不断对员工进行培训和教育

班组长必须按功能设置不同的责任部门和责任者，加强员工的理论和实践教育与培训，创造良好的班组整体气氛，以便更好地推行目视管理。

## 二、班组目视管理的实施手段

常见的目视管理手段有标志线、标志牌、显示装置、信号灯、指示书及色彩标志等。具体而言，班组目视管理的实施手段主要包括：

1. 区域划线

通过对工作区域进行划线，划分出通道、工作场所或不同物品的放置场地。区域划线的方法主要有两种：

（1）用油漆在地面上刷出线条。

（2）用彩色胶带贴于地面上形成线条。

2. 物品的行迹管理

标志物品放置的位置、数量、物品存放的状态等，使员工一目了然，便于生产物料、生产工具的管理。物品行迹管理的方法包括：

（1）标出物品名称。

（2）在物品放置处画上该物品的现状。

（3）标出使用者或借出者。

（4）必要时进行台账管理。

3. 仪表正常、异常标志

在仪表指针的正常范围上显示为绿色，异常范围上显示为红色。

4. 安全库存量与最大库存量

标示安全库存量和最大库存量，有利于防止断货或采购过量的情况发生。明确标示安全库存量和最大库存量的做法包括：

（1）明示应该放置何种物品。

（2）明示最大库存量与安全库存量。

（3）明示物品数量不足时如何应付。

5. 5S 实施情况确认表

建立 5S 实施情况确认表，有利于明确职责与工作要求，监督班组员工的日常作业情况。制定 5S 实施情况确认表需要注意：

（1）明确设置现场 5S 责任区。

（2）设计表格内容包括责任人姓名、5S 实施内容、实施方法、达到的要求、实施周期、实施情况记录。

# 第二节　作业现场看板管理的运用

## 看板管理的定义及看板种类

### 一、看板管理的含义

看板管理是指为了达到准时生产方式（JIT）控制现场生产流程的工具。它是一种可视化的表现形式，用来传递"何物，何时，生产多少数量，以何方式生产、搬运"等信息。

具体而言，看板的信息主要包括：零件号码、品名、制造编号、容器形式、容器容量、发出看板编号、移往地点、零件外观等。

### 二、看板的种类

按看板在现场的使用途径和目的不同，看板可以分为现场看板和行政看板两大类：

1. 现场看板

现场看板是班组现场生产管理中所使用的看板，主要包括：

（1）管理看板。

管理看板主要用于展示计划、现状、制度、工程、现场布局等。

（2）标识看板。

标识看板主要用于展示物品状态、区域标记、标识等。

（3）宣传看板。

宣传栏、宣传画、班组学习园地等看板都属于宣传看板。

（4）安全看板。

用于安全标识、安全警示、用电指示等。

（5）专用看板。

指的是特别设置的，具有专门用途的看板，比如 JIT 生产用看板等。

**2. 行政看板**

行政看板主要用于班组的日常生活事务管理当中，包括：

（1）生活看板。

例如洗手间标识、开水房标识、垃圾处理处等。

（2）杂物看板。

例如"请随手关门"、"小心地滑"等提醒标识。

（3）迎宾看板。

例如"欢迎光临"看板等。

按管理内容的不同，看板可以分为生产管理看板、工序管理看板、设备看板、品质看板、在制品看板和三角形看板。

**1. 生产管理看板**

生产管理看板主要用于展示作业计划、计划的完成率、生产作业进度、设备运行与维护状况、车间的组织结构等内容。

**2. 工序管理看板**

工序管理看板主要指车间内在工序之间使用的看板，如取料看板、下料看板、发货看板。

（1）取料看板，主要位于车间的各工序之间，其内容包括工序序号、工序名称、工序操作者、下料时间、数量、完工时间、首检等。

（2）下料看板，主要内容包括零件名称、型号、投料数量、材料名称、规格、数量等。

（3）发货状况管理看板，主要位于生产车间，其内容包括工序序号、小组名称、产品完成日期、发货日期、收货客户等。

**3. 设备看板**

设备看板可粘贴于设备上，也可在不影响人流、物流及作业的情况下放置于设备周边合适的位置。

设备看板的主要内容包括设备的基本情况、点检情况、点检部位示意图、主要故障处理程序、管理职责等。

4. 品质看板

品质看板的主要内容包括生产现场每日、每周、每月的品质状况分析、品质趋势图、品质事故的件数及说明、员工的技能状况、部门方针等。

5. 在制品看板

在制品看板主要包括工序内看板、信号看板、对外订货看板等。

6. 三角形看板

三角形看板主要是为 5S 管理服务。它的主要内容包括各种物品的名称，如成品区、半成品区、原材料区等，三角形看板要被统一放置在现场划分好的区域内的固定位置，便于 5S 管理的进行。

# JIT 看板的功能与使用原则

## 一、JIT 看板的功能

1. 显示工作指令

JIT 看板可以显示生产及运送的工作指令，在看板中记载产品的生产量、方法、顺序、时间以及产品的运送量、目的地、运送时间、搬运工具、放置场所等信息，从装配工序逐次向前工序追溯，取下装配线所使用的零部件上所带的看板，凭借看板去前工序领取。以此来实现"后工序领取"以及"JIT 生产"。

2. 作为目视管理的工具

JIT 看板的一个运用规则是："看板必须在实物上存放，前工序按照看板取下的顺序进行生产。"因此，JIT 看板可作为目视管理的工具，让作业现场的管理人员对生产的优先顺序一目了然，通过 JIT 看板就可以知道后工序的作业进展情况、库存情况等，这样便于管理。

3. 防止过量生产和过量运送

JIT 看板的另一条运用规则是："没有看板不能生产，也不能运送。"根据这条规则，生产数量会随着看板数量的变化而变化，二者呈正相关，即如果看板数量减少，则生产量也会相应减少。因此，合理利用 JIT 看板，能够有效地控制生产数量，自动防止过量生产以及过量运送。

4. 改善的工具

在一般情况下，如果在制品的库存量比较大，那么，在生产过程中，即便某道工序中出现设备故障、不良品数目增加或人员过剩等异常情况，也不会影响到后道工序的生产，异常问题不易被察觉并及时处理。

然而，JIT 看板却能够有效解决这些问题，改善生产。这就不得不提到 JIT 看板的另一条运用规则，即"不能把不良品送往后工序"。这条规则使得 JIT 看板能够有效地控制不良品从前工序输送到后工序，输送的合格产品数量无法满足后工序作业的需求，就会造成全线停工，问题便会立即被暴露出来。这样才有利于管理者找到问题的根源，并立即采取改善措施来解决问题。

所以，JIT 看板实际上还可以作为改善班组生产管理的一个重要工具，使生产线作业质量不断增强，提高生产线的作业效率。总之，JIT 生产方式的目标是要最终实现无储存生产系统，而看板提供了一个朝着这个方向迈进的工具。

**二、JIT 看板的使用原则**

JIT 看板主要有五大使用原则：

（1）不良品不送往后工序：后工序没有库存，前工序不得将不良品送往后工序，一旦发现后工序中接收到次品，全线必须停止生产，直到找到次品送回前工序。

（2）只有在必要的时候，后工序才能向前工序领取必要数量的零部件：出现这种情况时，班组生产作业需要彻底改变现有流程和方法。

（3）前工序只生产足够的数量，以补充被后工序领取的零件：在前两条原则下，生产系统自然结合为输送带式系统，生产时间达到平衡。

（4）应该使用看板以适应小幅度需求变动：根据市场的需求和生产的紧急状况，依照看板取下的数目，适当调整计划。

（5）尽量减少看板的使用数量：看板的数量，代表零件的最大库存量，尽量减少看板使用数量，以达到适宜的产品生产与运送量。

# JIT 看板管理实施的先决条件和作业步骤

## 一、JIT 看板管理实施的先决条件

生产均衡化、作业的标准化以及生产的同步化是 JIT 看板管理实施的先决条件。

**1. 实施 JIT 看板管理的前提**

（1）JIT 看板管理不适用于单工序生产，因此，要使用 JIT 看板管理，所管理的生产过程必须是流水作业。

（2）必须要有良好的生产设备和工装精度，以保证稳定的加工质量。

（3）必须能够保证原材料、配件的供应数量和供应质量。

（4）必须要有均衡的生产基础、工艺规程以及稳定的生产秩序，保证良好的工艺流程执行和工序质量控制。

（5）实施标准化作业，合理布置企业内生产布局和生产现场。

**2. 班组实施 JIT 看板管理的条件**

（1）班组要有稳定的产品生产工艺。

（2）班组要能够做到井然有序地供应设备、工具及生产物料。

（3）作业现场拥有良好的机电、检修、工具、检验及工艺等方面的服务。

（4）班组必须能够避免无效劳动、不合理操作和不均衡生产，使生产作业标准化和合理化。

## 二、JIT 看板管理实施的作业步骤

JIT 看板管理在班组管理中主要有八个实施步骤，包括：

**1. 工位器具送达**

在领取零部件的时候，工序取货人员将必要的工位器具送到前工序的储存处。

**2. 领取零件**

后工序的取货人员在储存处领取零件后，要立刻取下挂在零件上的工位器具和生产看板，并将工位器具放置在前工序指定的放置处，将生产看板放置在看板接收箱内。

**3. 核对生产看板和取货看板**

取货人员在取下一张生产看板后，必须相对应地挂上一张取货看板。在两种看板交换之前，取货人员应当仔细核对两种看板中的内容，确保自己取到的零件就是自己要取的零件，避免零件领取错误，造成麻烦。

**4. 生产前取下取货看板**

后工序在开始进行生产时，必须取下取货看板，并将它们放到取货看板放置箱内。

**5. 收集生产看板**

在间隔了一定时间或生产了一定数量零件后，前工序必须去看板箱内收集生产看板，并依据看板在储存处被取下的顺序，将它们放到生产看板放置箱中。

**6. 依序生产**

按照生产看板放置箱内的生产看板放置顺序，前工序开始进行生产作业。

**7. 同时进行取挂交换**

作业人员必须同时进行零件加工和其生产看板的取挂交换工作。

**8. 同时存放零件和生产看板**

前工序在加工完零件之后，必须将零件和生产看板同时存放到指定的储存处，以便后工序取货人员能随时取到。

## 班组生产线看板的编制

### 一、生产线看板编制的主要内容

生产线看板一般被安装在生产线的开头和结尾，它的主要内容包括：

（1）生产进行现状、主要事项说明、通告。

（2）生产计划与实绩，本日重点事项说明等。

需要注意的是，生产线看板的内容必须实事求是，不能弄虚作假。

## 二、生产线看板的基本样式（见图 **4-1**）

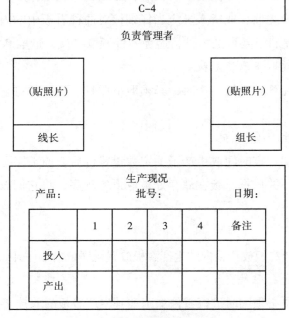

图 4-1　生产线看板的基本样式

# 班组品质现状看板的编制

### 一、品质现状看板编制的主要内容

张贴在车间的墙壁上的品质现状看板主要有 "QC 检查表"、"QA 检查表"、"工序诊断结果"、"重点工序控制图" 等。品质现状看板编制的主要内容包括：

（1）车间或班组每月、每周以及每日的品质现状。

（2）班组作业品质的实际状况，包括不良率、直通率、合格率及达成率。

（3）各种 QC 图表等。

## 二、品质现状看板的基本样式（见图 4–2）

品质现状一览

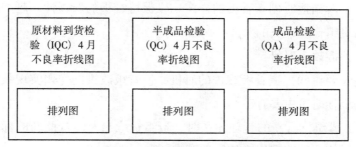

| 原材料到货检验（IQC）4 月不良率折线图 | 半成品检验（QC）4 月不良率折线图 | 成品检验（QA）4 月不良率折线图 |
| --- | --- | --- |
| 排列图 | 排列图 | 排列图 |

图 4–2 品质现状看板的基本样式

# 如何改进看板管理

## 一、明确改进内容

企业的文化、经营方向以及基层班组的生产模式、作业性质、管理方式、作业场所等都会随着时代的发展、市场的变化而产生变化，看板作为这些内容的载体，要想持续发挥有效性就不可能一成不变，它也需要进行相应的改进，以适应各种变化。

因此，班组长需要时刻注意各种看板与班组的生产管理是否相适应，以便做出相应的改进。看板的改进工作需要在明确改进内容的前提下进行，通常看板的改进内容主要包括以下四个方面：

（1）标示内容的改进。

班组长应当根据管理情况、生产情况，改进看板上标示的内容，以符合新工艺、新技术和新的管理标准。

（2）构造的改进。

班组长要根据看板内容以及实际管理的需要，改进看板的构造，使看板更具有实用性。

（3）位置的改进。

班组长应当根据生产现场布局的变化或班组作业的需要，改进看板的位置，以符合新的要求。

（4）式样的创新。

班组长应当适时创新看板的样式，以保持看板的新颖性，赶上时代的潮流，吸引班组作业人员的关注。

**二、把握改进时机**

班组长要正确把握看板改进的时机，使看板改进的作用实现最大化。看板改进的最佳时机主要有三个：

（1）当班组推行新的管理体系时，班组长应当及时按照新的标准实施看板改进，以符合新管理体系的管理要求。

（2）当产品更新换代时，班组长要识别新旧产品生产和管理存在的差异，明确看板改进的需要，并把握好改进时机。

（3）当班组进行组合优化和业务流程再造时，也是班组改进看板的重要时机。

总之，看板的改进不能局限于对看板内容方面的更改，还要注意看板的位置、样式、构造等诸多方面的更改，要注意把握好最佳时机，使用新材料、新工艺对看板进行与时俱进的改造，必要时还要以新看板取代旧看板。

## 各类看板的具体使用技巧

一般而言，在使用看板的时候，每一个传送看板都只对应一种零部件，每一种零部件总是存放在规定的、相应的容器内，所以，每个传送看板所对应的容器也是固定的。班组生产作业中需要用到的看板多种多样，其作用迥异，使用方法也不尽相同，因此，班组长要周密地制定各个看板的使用方法，让班组作业人员准确掌握各类看板的使用技巧，以便生产能够正常进行。

**一、信号看板的使用技巧**

将信号看板挂在成批制作出的产品上面。如果该批产品的数量足够，就不需要摘下信号看板，提醒班组管理者和作业人员无须再生产该批产品；如果该批产品的数量减少到基准数以下时，就摘下信号看板，将信号看板送回到生产工序中，让生产工序的作业人员按照信号看板的指示进行生产。

## 二、工序内看板的使用技巧

看板必须随实物（产品）一起移动，这是工序内看板的使用技巧中最重要的一点。在前后工序间设置中间品存放点，并挂上相应的工序内看板，后工序领取中间品时摘下挂在产品上的工序内看板，然后挂上领取用的工序间看板。前工序按照看板被摘下的顺序以及这些看板所表示的数量进行生产。当被摘下的看板数量变为零时，表示前工序需要停止生产该产品，这样既不会延误生产，也不会产生过量的存储。

## 三、工序间看板的使用技巧

班组长应在作业现场设置看板回收箱，看板回收箱中的工具间看板表示"该零件已被使用，请补充"，以便工序间看板能够有效地发挥作用。

工序间看板的使用技巧需要通过看板回收箱来实现，作业人员将工序间看板挂在从前工序领来的零部件的箱子上，当作业人员取用该零部件时，就将看板取下，放到看板回收箱中，然后集中起来分送到各个相应的前工序，以便领取需要补充的零部件。

## 四、外协看板的使用技巧

外协看板的摘下和回收与工序间看板基本相同。外协看板在被回收之后，需要按各协作厂家将它们分开，等各协作厂家来送货时由他们带回去，作为该厂下次生产的生产指标。在这种情况下，该批产品的进货至少将会延迟一回以上。因此，需要按照延迟的回数发出相应数量的看板，这样就能够做到按照 JIT 进行循环。

# 第三节　标本兼治，改善现场作业环境

## 现场管理的最佳工具——5S

推进 5S 活动，可以有效地使品质、成本、交期、服务、技术及管理这六大要素达到最佳状态，并最终实现企业既定的目标。因而，5S 管理是班组现场管理的基石，是班组长取得最佳现场管理效果的工具之一。

## 一、5S 管理的含义

5S 管理起源于日本，是日本企业创造出的一种独特的管理办法，它包含了整理、整顿、清扫、清洁和素养五个项目，由于这五个词的英文单词都是以 "S" 开头，因此被简称为 5S。5S 的具体内容包括：

### 1. 整理

整理是为了区分要与不要的物品。在作业现场，只需要保留有用的东西，没有用的东西必须被及时撤除，如整理凌乱的堆积物料等。

### 2. 整顿

整顿是为了将有用的东西定位放置。班组长要组织班组作业人员将每日要用物品按规定位置摆放整齐，并做好标识，进行管理，如将物料、半成品、成品等定位放置，并明确标识。

### 3. 清扫

清扫是为了清除无用的东西。为了保持作业现场无垃圾、无污物，必须将不需要的东西清除掉，如将未使用的工具归回到工具室等。

### 4. 清洁

清洁是为了维持整理、整顿、清扫后的局面，以保持生产区整洁、卫生，如清扫作业区地面等。

### 5. 素养

素养是让每个员工都自觉遵守各项规章制度，养成良好的工作习惯，如检查作业现场是否出现员工未经允许而损坏物料、浪费物料的情况等。

## 二、5S 管理的必要性

了解班组内常见的作业现场情形，是明确 5S 管理必要性的最佳方式。班组日常工作中经常会出现的情况主要包括：

（1）作业现场堆了很多无用的东西，占用空间。

（2）作业现场东西摆放毫无章法，有用和无用的物品同时存放，活动场所变得很小。

（3）由于长时间没有清扫，设备上沉积了很多灰尘。

（4）工作台面上有一大堆东西，理不清头绪。

（5）桌面上摆得凌乱，良品、不良品，或者成品、半成品混杂在一起，没有区分开来，作业空间有一种压抑感。

（6）生产车间道路被堵塞，行人、搬运工无法顺畅通过。

（7）作业现场地面脏乱，设施破旧，灯光灰暗，环境不佳导致作业人员情绪不佳。

（8）作业人员找不到急用的东西，变得烦躁不安。

（9）作业人员座位或坐姿不当。

（10）作业人员仪容不整或穿着不整等。

班组生产现场中这些常见的情形，虽然很多情形中所展现的都是一些小事，但正是这些小事的缠扰，往往会给员工的工作情绪带来很大的影响，从而大大降低员工的工作效率。解决这些不良情形的良方，就是推行最有效的现场管理工具——5S管理。

### 三、5S管理的核心

5S管理的核心在于"素养"，"素养"的对象是人，而人是企业最重要的资源。

"素养"的目的在于提高员工的素质，使员工养成严格执行各种规章制度、工作程序及各项作业标准的良好习惯和作风，这正是班组现场管理的核心所在。

没有人员素质的提高，班组现场的各项活动就不能顺利开展，也难以长期坚持下去。所以，要实现良好的班组现场管理，班组长需要抓好5S管理，不厌其烦地教育班组作业人员做好整理、整顿及清扫工作，在琐碎单调的动作中，潜移默化地改变他们的思想，使他们养成良好的习惯。

### 四、5S管理的作用

5S是现场管理的基石，作为现场管理的最佳工具，一种优质的管理方式，推行5S管理的目的就在于为企业创造最大的利润和社会效益。其具体作用主要包括以下六个方面：

1. 品质

品质是产品本身所固有的特性，它是指产品的性能和价格比的高低。产品的品质一直都是消费者关注的重点，好品质是赢得消费者信赖的基础。在产品生产过程中实行 5S 管理，能够有效地确保生产过程的迅速化和规范化，能够为生产高品质产品打下坚实的基础。

2. 成本

在产品渐趋成熟、成本渐趋稳定、品质渐趋一致的情况下，能够使企业在激烈的市场竞争中凸显出优势，并更好地经营发展下去的主要原因之一，就在于降低成本。谁的成本越低，谁的产品竞争力也就越强。5S 管理可以避免各项支出的不均衡和不合理，减少各种浪费，可以大幅度地提高效率，从而达到成本的最优化。

3. 服务

服务也是吸引顾客、稳定顾客、与顾客保持良好关系的重要手段。在班组，下一道工序就是上一道工序的顾客。通过 5S 管理，培养员工良好的作业习惯和作业素养，可以大大地提高员工的敬业精神和工作乐趣，使他们更乐于为顾客提供优质的服务。

4. 技术

技术是提升竞争力的最大武器。未来的竞争是科技的竞争，强大的竞争力，依赖于竞争者自身所能够掌握的高新技术。班组推行 5S 管理，通过标准化来积累、优化技术并减少开发成本，能加快技术开发的速度。

5. 交货期

为了适应社会的需要，大批量生产已经开始向个性化生产、多品种而小批量生产转变，只有弹性的、机动灵活的生产才能适应交货期的需要，而交货期也体现了公司适应能力的高低。5S 是一种有效的预防方法，能及时地发现异常，减少问题的发生，从而保证准时交货。

6. 管理

5S 是实行科学管理的最基本的要求，而只有通过科学化、效能化的管理，才能够达到基本管理的最优化，即人员、设备、材料及方法管理的最优化，实现综合利润最大化。

总之，5S管理是保证品质、成本、服务、技术、交货期及管理六大要素都达到最佳状态的重要手段，是企业基层班组现场管理的最佳工具。

## 5S活动的三大原则

### 一、自我管理原则

添置设备具有优化环境的作用，但如果离开了人的主观能动性，这种优化作用就不可能持续长久地存在。因此，班组要想创造良好的工作环境，单靠设备的更新与添置是不可能完全实现的，还应当充分依靠现场的作业人员，由现场的当事人自己动手为自己创造一个整齐、清洁、方便、安全的工作环境，让班组成员在改造工作环境的过程中，产生"美"的意识，从而更愿意长久地维持这种美的享受。

### 二、勤俭办厂原则

勤俭是节约资源、节约成本的重要方式。开展5S活动，必然会从生产现场清理出很多无用之物。但这些无用之物并非真的都是毫无用处的，如有些被清理出来的杂物，只是在现场无用，但它可以被用在其他地方；有些杂物具有变废为宝的潜质，需要班组长和作业人员开动脑筋，千方百计对它进行有效利用；而有些需要被报废的物品，班组长也应当指导、监督作业人员按报废手续办理并收回其"残值"。对于只图一时处理"痛快"，不分青红皂白地将5S活动中清理出来的物品当作垃圾一扔了之的作业人员，班组长应及时制止、批评、教育，情节严重的要给予适当处分。

### 三、持之以恒原则

开展5S活动并非难事，其短时间内所能够取得的效果也是非常明显的。但为什么还有不少企业开展5S活动会出现一紧、二松、三垮台、四重来的现象呢？原因就在于他们没有持之以恒。开展5S活动，贵在坚持，也难在坚持。持续不断的优化需要班组所有成员不懈的努力。

要实现班组持之以恒地开展5S活动，优化班组的生产管理，需要从以下三个方面着手：

1. 将 5S 活动纳入岗位责任制

企业要将 5S 活动纳入到岗位责任制当中，使每一个班组、每一位员工都有明确的岗位责任和工作标准。

2. 严格考评制度

班组长要严格、认真地搞好检查、评比和考核工作。将考核结果同班组内的每一位员工的经济利益相挂钩。

3. 坚持 PDCA 循环

班组要坚持 PDCA 循环，通过检查，不断发现问题，并针对问题提出改进措施和计划，解决问题，从而提高现场 5S 水平。

## 推行 5S 活动的步骤

### 一、成立推行组织

5S 活动的推行组织是 5S 推行委员会，5S 推行委员会的建立，需要考虑到企业的条件，立足于 5S 活动的有效推行。5S 推行委员会一般由 5S 委员会、推进事务局、各部门负责人及部门 5S 代表组成，推行委员会的委员长一般由企业的总经理担任，以便从全局的角度推进 5S 的实施。

5S 推行委员会的不同责任人需要承担不同的职责，他们各自的主要职责包括：

1. 5S 委员会的职责

（1）制定 5S 推进的目标、方针。

（2）任命推进事务局负责人。

（3）批准 5S 推进计划书和推进事务局的决议事项。

（4）评价 5S 活动的推行成果。

2. 推进事务局的职责

（1）制定 5S 推进计划，并监督计划的实施。

（2）组织培训活动，对员工进行培训。

（3）宣传 5S 活动。

（4）制定推进办法和奖惩措施。

（5）统一主导开展全公司 5S 活动。

3. 各部门负责人的职责

（1）负责本部门 5S 活动的开展，制定 5S 活动规范。

（2）选择本部门的 5S 代表。

（3）教育、培训本部门人员开展 5S 活动，并大力宣传本部门的 5S 活动。

（4）设定部门内的改善主题，并组织改善活动的实施。

4. 部门 5S 代表的职责

（1）协助部门负责人对本部门 5S 活动进行推进。

（2）作为联络员，沟通联系推进事务局和所在部门。

## 二、制定推行方针和目标

5S 活动的推行，需要有明确的方针和目标进行指导。制定 5S 活动的推行方针和目标，需要做到：

1. 制定方针

5S 活动制定方针的目的在于规范现场、现物，提升员工的品质。5S 活动方针的制定要结合企业具体情况，要有号召力。各部门应当广泛宣传 5S 活动的方针。

2. 制定目标

为了明确活动努力的方向，也为了便于活动过程中的成果检查，开展 5S 活动前，需要结合企业的具体情况，预先设定期望的活动目标。

## 三、制定工作计划和实施方法

工作计划和实施办法是让全体员工了解活动的整个过程，让项目责任者清楚自己所担当的责任以及完成的时间的保障。工作计划和实施办法的制定，需要做到：

（1）收集资料并借鉴他厂做法。

（2）制定要与不要的物品区分方法。

（3）制定 5S 管理活动的评比方法。

（4）制定 5S 管理活动的奖惩办法。

（5）制定其他相关规定，如 5S 管理时间等。

统一、明确的工作计划和实施办法能够使整个班组员工在作业过程中配合得更加默契，造就一种班组团队作战精神。

## 四、教育、培训全员

（1）每个部门对全员进行教育，教育内容包括 5S 管理的内容及目的，5S 管理的实施方法以及 5S 管理的评比方法。

（2）通过多样化的教育形式，如讲课、放录像、观摩他厂案例或样板区域、学习推进手册等方式，对新员工进行 5S 管理训练，让他们了解 5S 管理活动能给工作及自己带来的好处，从而主动地践行 5S 活动。

（3）聘请专家授课，加强干部人员的教育与培训，提高干部知识水平。

（4）加强高层主管的教育与培训。

（5）建立内部师资，以单位主管为优先甄选对象。

（6）制定课程计划及出勤记录表。

## 五、宣传活动

越广泛、越有力的宣传，越能够产生造势的效果，引起全员重视，发动全员参与。让 5S 活动深入人心，才能取得良好的效果。进行宣传造势活动的主要形式包括以下六个方面：

（1）利用晨会、内部报刊等，由最高主管发表宣言。

（2）利用海报、内部报刊进行活动宣传。

（3）利用宣传栏进行活动宣传。

（4）设置必要的工具和看板。

（5）保存好原始记录，如原始数据、原始图片等，便于对照和改善。

（6）组织样板学习，包括向本单位的优秀样板学习以及向外单位的优秀样板学习。

## 六、导入实施 5S 管理

1. 前期作业准备

5S 管理的前期准备工作主要包含道具准备以及开展活动的动员大会和方法说明会。

2. 全员大扫除

组织班组全体员工对工厂上下进行彻底的大扫除，整理、清洁班组的作业环境。

3. 区域规划

按照类别对盘点后的东西进行定点、定容、定量的规定。规定的过程中需要做到：

（1）制作平面图。

要制作班组作业现场的平面图，在平面图上设计好各个作业区域的位置、范围等，并标示出来，公布于各区域明显的地方。

（2）制作看板。

为作业现场标示盘点后的物料，设置相应的看板，配合颜色管理达到目视管理的目标。

（3）进行地面标线作业。

在作业现场进行地面标线作业，按照平面图的设计，结合作业现场实际情况进行定点、定容、定量标示。

4. 开展"三定"、"三要素"

（1）"三定"。

"三定"是指定点、定容和定量。定点是确定最恰当的作业地点或物品放置地点；定容是确定最合适的使用容器、颜色；定量是规定最合适的数量。

（2）"三要素"。

"三要素"是指场所、方法和标识。即要100%设定放置场所；所选择的放置方法要体现易取原则；所选择的标识方法要注意使放置场所和物品一一对应。

5. 定点摄影

定点摄影法具有镜子的功能，在同一地点利用时间显示的相机，把改善前后的情况拍摄下来，并公开展示，能够让班组成员更加直观、细致地了解该点的变化情况，让执行者和成员们一起评价，并不断改善。

6. 制定 "5S 管理日常确认表"

班组要制定并组织员工认真落实 "5S 管理日常确认表"，做好日常的 5S 管理情况记录工作。

7. 进行红牌作战

在问题点处悬挂红牌，提醒作业人员改善作业。

8. 建立示范区

（1）将易改善部门作为示范区，让其他部门观摩。

（2）让部门内较为优秀的个别员工作为示范标本，引导其他员工效仿。

（3）由班组长自己做起，让班组长起到榜样示范的作用，效果最佳。

**七、确定活动评比办法**

1. 计算加权系数

一般情况下，加权系数包括困难系数、人数系数、面积系数及教养系数。

2. 进行考核评分

（1）建立现场评分记录表和 5S 评分表。

（2）采用见缺点先记录描述，然后再查缺点项目、代号及应扣分数的方法，减少评审人员查核缺点项目的时间。

（3）评分开始时频率应较密，每日或每两日一次，一个月作一次汇总，并以此给予表扬和纠正。

**八、现场查核与自我查核**

进行 5S 活动的现场查核，组织班组内部的自我查核，找到 5S 管理的问题点，以及相应的解答。

**九、进行活动评比和奖惩**

依据 5S 管理实施办法，并用看板公布成绩，每月实施奖惩。

**十、检讨与修正**

各责任部门采用全面质量管理法、合理化及改善法等，对自身的缺点项目进行改善，不断提高。

**十一、将 5S 活动作为定期管理活动**

将 5S 活动纳入到定期管理活动当中，实现标准化、制度化的改善，积极开展 5S 管理强化月活动。

## 5S 推进的阶段和方法

### 一、5S 推进的三个阶段

5S 的五项活动一般不需要同时推进，从整理、整顿开始，到清扫，再到清洁，这是阶段性的过程，是形式上的升级。清洁作为最高的形式，旨在让整理、整顿及清扫达到标准化或制度化，使班组内的每个员工都从上到下地严格遵守这一标准，形成良好风气。

推行 5S，一般需要进行三个阶段的推进。

1. 秩序化阶段

由公司统一制定标准，让员工遵循标准作业，并养成遵守标准的习惯，逐步提升公司的现代化生产管理水平。

在秩序化阶段，班组作业需要做到：

（1）安排值日项目，在上下班前后 5 分钟对作业现场进行整理、清扫。

（2）做好区域规划，将每一个区域的责任落实到具体的小组以及小组中的每一位成员身上。

（3）合理安排物品放置，减少寻找物品所用的时间。

（4）合理使用各种标识。

（5）备齐安全保护用具，完善消防设施。

（6）改善作业环境，绿化、美化作业环境，减少环境污染和噪声污染。

2. 活力化阶段

通过推进各种完善活动，如清理废料、废品；进行作业现场大扫除；定期进行设备检修、保养并落实防尘措施；妥善设计、改造和管理清扫用具等，使每个员工都能主动地参与，让班组充满生机、活力，形成一种改善的氛围。

3. 透明化阶段

（1）收集并整理合理化的建议或合理化的提案。

（2）实施看板管理。

（3）实施识别管理。

（4）全面导入目视管理。

（5）合理运用数据库和网络。

（6）建立改善档案。

班组长需要通过各种公开化和透明化的管理手段和措施，在班组中营造透明化管理的氛围，形成公平竞争的局面，使每位员工都能够通过努力而获得自尊和成就感。

**二、5S 推进的七种方法**

1. 现场巡视

现场巡视主要用于整理、整顿和清扫活动，它是由 5S 推进组织、部门负责人或 5S 代表参与，在推进委员会成员或公司领导的带领下，对全公司范围进行巡视检查，指出生产现场存在的问题，并要求限期改善。

现场巡视法在 5S 活动推行初期、员工对问题意识还不够时，对活动的推进能起到非常积极的作用。

利用现场巡视法推行 5S 需要做到：

（1）巡视、检查作业现场。

（2）指出现场存在的问题，并记录问题点和改善要求。

（3）提出改善的意见和方法。

（4）协调现场，解决跨部门的难点问题。

（5）和所在部门负责人约定改善实施时间。

（6）监督改善实施的具体情况。

2. 定点拍照

定点拍照是指从一样的角度和方向，对问题点改善前后的状况进行拍照，以便清晰地对比改善前后的状况。所拍摄的改善前后的两张照片，仅有的不同点应该只是照片所反映的改善前后的状况和拍摄的日期。因而，进行定点拍照应该做到以下四点：

（1）拍照者前后尽量站在同一位置。

（2）相机要面向同一方向。

（3）尽量使用同一焦距拍照。

（4）照片上最好能印上日期。

拍照完成后，班组长要将两张照片冲印出来，将它们贴在同一张 A4 大小的纸上，并附上必要的文字描述，作对比分析。

定点拍照的方法可以让实施改善的员工看到自己劳动的成果，这有利于增强他们的成就感，而且以直观的方式对比改善前后的变化，能够让员工明确地感觉到什么是好，什么是不好，从而培养广大员工的问题意识。

3. 问题票活动

问题票活动是推行 5S 的一种行之有效的手法，它适用于 5S 活动的全过程。问题票活动是由推进委员会组织发起的一项解决问题的活动，旨在使问题点可视化，并以此来统一员工对问题点的认识，督促改进进度。

问题票活动的做法比较简单，即在发现问题的地方贴上问题票，督促有关责任人员进行改善。由于有时候需要强化问题票的警示力，让问题更加醒目，问题票会被印成红色，因此，问题票活动有时又被称为"红牌作战"或"红单作战"。

问题票活动主要由两个部分组成，一个是一般问题点的对策流程，另一个是难点问题的对策流程。问题票活动的开展主要包括以下流程：

（1）做好活动的准备。

在开展问题票活动之前，班组长应当领导班组成员做好相应的准备工作，最主要的准备工作包括以下两个方面：

1）印制问题票。

问题票可以委托印刷公司统一印制，也可以由自己制作，印制问题票需要注意以下三点：

首先，一般情况下，班组管理者会选择红色的纸张来印制问题票。

其次，问题票的大小以一张扑克牌的大小为宜。

最后，问题票上必须标明管理编号、日期、发行人、问题描述、对策结果记录等内容，以便实施问题点管理。

图 4-3 是问题票的示例。

管理编号：　　　　　　　　　　　　　　　发行人：

| 区域或设备名 | | 日期 | |
|---|---|---|---|
| 问题描述： | | | |
| 对策结果记录： | | | |
| 对策人 | | 责任人 | |

注：对策完毕后，请将问题票返回发行人。

**图4-3　问题票示例**

2）制定活动实施办法。

首先，要制定活动实施办法，需要明确问题及要张贴对象的范围。问题票所指出的问题点必须是具体明确且能够被解决的，如5S活动中的各种问题点，包括物品摆放不整齐，无用物品杂乱不堪，场地设备脏污，以及地面、墙面、门窗、桌椅等设施的损坏等。

其次，要加强对问题票的管理。由推进委员负责分发问题票，推进委员会在发问题票时，要依据问题票的管理编号进行登记；发行人在使用问题票时，要对每张问题票进行登录，使发出去的问题票都有据可查；收到问题票的责任人，在问题解决之后要将问题票返回发行人，以便于对问题改善的情况进行确认，并对活动的成果进行总结。

再次，问题票活动开展的方式可以是多种多样的，如"问题票活动月"等，但必须长期坚持开展。

最后，要做好活动前的协调工作。班组长在开展问题票活动前，必须以会议等形式，对参与人员和各部门负责人进行有效动员，调动员工参与活动的积极性，并具体说明活动的方法、计划以及回收问题票的进度要求，约定活动目标。

（2）实施问题票活动。

1）贴问题票。

贴问题票的工作主要由问题票的发行人进行，发行人在问题票活动实施期间，要深入到生产现场，发掘问题所在，并在问题点上贴上问题票。对于拿不准是不是问题点的情况，如不能判定一件物品是否真的无用，发行人可以先将问题票贴上，再针对具体问题来分析解决。

为避免问题票给员工带来不舒服甚至是羞耻的感觉，伤害员工的情感，影响员工的作业，班组长应当做好员工的心理工作，让员工以一种开放的心态来对待问题票，正确地认识到问题票是用来帮助他们发现问题，帮助他们提高的。

2）制定问题票清单。

针对被指出的问题，所属部门要派人对问题票进行登记，并制成问题票清单，以便跟进管理和在揭问题票时进行确认。

表 4-1 是问题票清单的示例。

表 4-1　问题票清单示例

编号：

| 序号 | 问题现象或场所 | 担任部门 | 责任人 | 对策方法 | 完成时间 | 确认 | 备注 |
|---|---|---|---|---|---|---|---|
| 1 | | | | | | | |
| 2 | | | | | | | |
| 3 | | | | | | | |
| … | … | … | … | … | … | … | |

注：部门负责人有跟进监督的责任，确认栏由部门负责人填写，有新问题可以不断追加。

3）制定问题对策计划并实施问题对策。

依据问题票清单中列出的问题，制定解决问题的对策计划，明确解决问题的具体对策方法、对策责任人和对策时间等，并及时实施对策。

在问题被解决之后，所属部门主管人员或班组长要对问题解决的效果进行确认，在确定之后揭下问题票，并在问题票上记录对策结果，然后将问题票返还给发行人。

（3）对策源活动。

有些问题需要投入大量的资金，或者需要其他部门协作才能够解决，这时责任人就需要寻求部门责任人和问题票发行人的帮助，对问题进行协调处理；也有些问题暂时是无法解决的，对于这种问题，责任人需要进行特别登记管理，并通过发生源对策活动来加以解决。

问题票活动对于解决问题，促进 5S 活动的推进，以及培养员工的问题意识，统一员工对问题的认识，提升员工发现问题的能力，养成员工正确看待问题的习惯等都具有十分重要的作用。

4. 发生源对策活动

发生源对策活动主要是针对一些难点问题、慢性问题以及发生源问题，进行有计划的对策活动。发生源对策活动主要用于 5S 活动中的清扫活动，其实施要点主要包括两个方面，一个是识别发生源和难点问题，另一个是提出实施计划和进行对策实施。

发生源对策活动的实施步骤包括：

（1）调查发生源和难点问题。

所谓发生源，就是污染发生的源头，如加工废料、粉尘的产生、噪声的产生、润滑油的泄露、冷却水的泄露、污水排放等。

发生源问题往往也是难点问题，要想有效解决并不容易。首先要对发生源与难点问题的位置和产生的原因进行调查分析，然后对调查分析出来的数据等进行书面整理统计，制定发生源与难点问题调查表，这样才能明确各种发生源和难点问题的位置和变化，并根据情况的变化对统计情况进行维护。

表 4-2 是发生源与难点问题调查表的示例。

表 4-2　发生源与难点问题调查表

编号：

| 序号 | 问题点 | 类别 | 问题产生原因 | 处理方法 | 能否自主实施 |
|------|--------|------|--------------|----------|--------------|
| 1 | 作业现场气味难闻 | 发生源 | 作业机器的排气道连接处出现轻微漏气现象，密封不佳 | 连接处加密封棉 | 能 |
| 2 | 墙面脏污 | 难点问题 | 使用年限长 | 进行墙面粉刷 | 不能 |
| … | … | … | | … | … |

（2）制定对策方案和对策计划。

表 4-3 是班组发生源与难点问题对策计划书的示例。

表4-3　发生源与难点问题对策计划书

| 序号 | 问题点 | 对策项目 | 担当者 | 改善日程/星期 | | | | | | | |
|---|---|---|---|---|---|---|---|---|---|---|---|
| | | | | 1 | 2 | 3 | 4 | 5 | 6 | 7 | 8 |
| 1 | 作业机器发生漏气现象 | 连接处加密封棉 | | | | | | | | | |
| 2 | 墙面脏污 | 粉刷墙壁 | | | | | | | | | |
| … | | | | | | | | | | | |

在综合考虑了班组的对策能力、对策工作量以及资金投入等实际情况之后，班组长要制定相关的对策方案，逐步解决发生源与难点问题，改善班组作业。

对策方案和对策计划的内容必须包含以下三个方面：

1）方案实施的时间表。

2）具体的对策方法。

3）各小组和个人在方案实施中的职责。

（3）实施对策。

具体实施发生源对策，并按时完成对策实施情况的报告，制定发生源与难点问题的对策报告表。对策报告表中应当包含实施的项目、实施的效果以及结果评价等内容。

表4-4是发生源与难点问题对策报告表的示例。

表4-4　发生源与难点问题对策报告表

| 序号 | 问题点 | 对策项目 | 担当者 | 实施结果 | 评价 | 反省和今后的计划 |
|---|---|---|---|---|---|---|
| 1 | 作业现场气味难闻 | 连接处加密封棉 | | 加密封棉4处，气味消失 | | 定期点检 |
| 2 | 墙面脏污 | 粉刷墙壁 | | 墙面粉刷350平方米 | | 定期点检并及时刷新 |
| … | … | … | … | … | … | … |

5. 油漆作战

油漆作战即通过自主刷油漆，彻底改变作业现场的面貌。油漆作战主要适用于5S活动中的清扫活动，单纯的清扫活动并不能解决作业现场经常出现的各类设施破损，设备表面锈迹斑斑，地面、墙面油漆脱落等问题，而油漆作战旨在彻底清扫、修理修复及全面油漆作业现场，改变场所、设备的老旧面貌，以创造清新宜人的工作场所。

（1）油漆作战的意义。

1）节约成本。

通过油漆作战，使班组作业现场焕然一新，其成本比外委成本低很多，这大大节省了开支。

2）使员工广泛参与班组管理事务。

让员工亲自参与作业现场的布置与更新，使员工在广泛参与班组管理事务的过程中，体会现场变化的乐趣和变化的来之不易，强化员工的自主维护意识。

3）提升员工的技能。

通过油漆作战，增强员工对油漆的认识，让员工掌握涂刷油漆的窍门，提高员工涂刷油漆的技能，同时也提升部门间、员工间协同作战的能力。

4）激发员工的成就感和现场作业的热情。

让员工自己动手改善作业现场，创造一个干净如新的作业场所，员工在创造过程中以及结束后所产生的成就感和满足感是不言而喻的，它将大大激发员工对改善现场工作的热情。

5）推动班组日后的保全工作。

班组员工，尤其是保全人员，在油漆作战中熟练掌握涂刷油漆的窍门之后，班组日后的生产布局调整和修理、修复工作都将变得轻而易举。

（2）实施油漆作战。

油漆作战的实施一般按照四个步骤进行：

1）制定油漆作战计划。

油漆作战实施前要做好准备和标准的制定工作，即在进行油漆作战之前，要制定一个具体的行动计划。

油漆作战计划的内容主要包括决定对象区域、设备；记录、拍摄处理前的状况；进行区域划分，选择油漆颜色，决定作战标准；准备油漆作战的工具、材料；明确参与人员和责任分配；咨询油漆厂家，制作油漆使用指导书，培训涂刷油漆的方法等。

2）进行示范区试验。

在全面涂刷油漆之前，班组长要选定一个示范区域或示范设备，按照油漆计划制定的标准，进行示范区试验。在试验后，要进行分析讨论，听取多方意见，适当修改计划中的标准。

3）全面开展油漆作战。

根据修改后的计划，班组长要具体安排和实施涂刷油漆活动，选择合适的时机，做好涂刷油漆前的清理工作，全面开展油漆作战。在开展过程中，要时刻做好安全防范，特别是要注意防火、机器设备搬动中的保护以及员工解除油漆溶剂过程中的安全等问题。

4）总结作战活动。

在油漆作战结束后，通过对比作战前后的照片，做好总结工作，吸取经验教训。

6. 红牌作战

红牌作战适用于 5S 活动中的整理和整顿，是指在问题点处悬挂红牌，让大家一眼就能看明白，提醒相关责任人员积极改善的一种方法。

（1）红牌作战的实施步骤。

1）出台红牌作战。

出台红牌作战，确定各部门领导为作战成员，作战时间一般持续 1~2 个月，班组长要注意教育现场作业人员不可制造假象，隐瞒实情。

2）决定挂红牌的对象。

挂红牌的对象主要包括三个方面，第一个是在库的原材料、零部件、半成品及成品；第二个是现场作业中的机械、设备、工装夹具、模具及防护用品；第三个是货架、流水线、电梯、车辆、卡板等储运设备。

需要注意的是，挂红牌的对象只能是物，不能是问题点的责任人，不然容易打击员工士气，或者引起冲突。

3）明确判定标准。

挂红牌前要把标准确定下来，如工作台上当天要用的东西为必需品，其他的为非必需品，那么所有的非必需品如果被放在工作台上，就要挂红牌。判定标准是保证红牌作战公正、公平，避免冲突、纠纷的重要保障。

4）制定红牌表单。

用红色纸张制定红牌表单，表4-5是红牌表单的示例。

表 4-5　红牌表单示例

| 部门 | | | 日期 | | | |
|---|---|---|---|---|---|---|
| 品名 | | | 型号 | | 数量 | |
| 类别 | □设备　　□计量器具　　□材料　　□部件<br>□半成品　□成品　　　　□事务用品　□其他 | | | | | |
| 原因 | □老化　　□订单取消　　□设计变更　□失去用途<br>□加工不良　□生产预定的估计错误　□其他 | | | | | |
| 处理方法 | | | | | | |
| 判定者 | | | 审核 | | 核准 | |

5）发行红牌。

找到并记录作业现场的问题区、问题、内容、理由等。

6）挂红牌。

挂红牌时需要注意六点：红牌要挂在引人注目处；挂红牌的决定需要间接部门的人认可；不要让现场的人自己挂红牌；要理直气壮地挂红牌，不要顾及面子；挂红牌要集中，时间跨度不可太长，不要让大家厌烦；必须明确红牌就是命令，不容置疑。

7）红牌的对策与评价。

挂红牌后，要及时跟进、监督红牌作战实施的效果，并对实施效果进行评价，可将改善前后的对比摄录下来，作为经验和成果向大家展示。

（2）实施红牌作战时的注意事项。

1）做好员工思想教育工作，让全体员工明白被挂红牌是为了把工作做得更好，使他们能够以正确的态度对待红牌作战，不可置之不理，或者认为是奇耻大辱。

2）判断标准要公开、明确。

3）挂红牌的理由要充分，事实要确凿。

4）要区分严重程度，对于仅需要被提醒注意的问题，可挂黄牌。

5）挂红牌的频率不宜太高，一般一个月一次，最多一星期一次。

7. 看板作战

看板作战与红牌作战是相辅相成的，它们都适用于5S活动中的清理、整顿。其中，红牌作战方法主要解决的问题是区分必需品和非必需品，并对非必需品进行处理；而看板作战则强调对必需品的管理方法，以提高作业人员寻找、拿取必需品的速度。

（1）看板作战的"三定原则"。

看板作战的"三定原则"是指定位、定品和定量。所谓定位，就是要明确必需品的放置场所；所谓定品，就是要明确物品的种类名称；所谓定量，就是要明确数量多少。要明确"三定原则"的内容，看板管理必不可少。

（2）看板管理的作用。

1）传递信息。

看板是在现场进行信息传递的有效途径。通过看板传递信息，既准确又迅速，还能避免传达遗漏。

2）统一认识。

每个人都有自己的见解和看法，这些见解和看法若是不能统一起来，必然会影响班组的凝聚力。班组长可以通过看板管理的方式，来引导大家统一认识，并朝着共同目标前进。

3）利于管理。

看板上的内容易读易懂，不仅有利于管理者判定、决策或跟进，还有利于新人更快地熟悉业务。另外，将计划书公之于众，可以有效防止员工遗忘，将进度情况公之于众，也能给小组作业带来一定的压力，促使他们更加努力。

4）促进公平竞争。

通过看板来管理绩效考核，可以使绩效考核更加公开、公正，让员工更加积极地参与到公平竞争当中。通过看板来揭示工作成绩，可以使差的、一般的及优秀的变得一目了然，无形中对员工起到激励先进、促进后进的作用。

## 定置管理与 5S 活动的关系

"定置"，即根据效率、效益、安全、质量以及物品本身的特殊要求，科学地规定物品存放的特定位置。定置管理就是对生产现场的人、物、场所等进行管理，科学地规划位置。

定置管理是研究和改善现场的科学方法，它以生产现场为主要研究、管理对象，旨在研究分析生产现场中人、物、场所的结合状态和关系，并通过整理、整顿及改善生产现场条件，促进人、机器、原材料、制度及环境有机结合的一种方法。

定置管理需要做到"人定岗、物定位及危险工序定等级，危险品定存量，成品、半成品及材料定区域"，通过寻找改善和加强现场管理的对策和措施，使人、物及场所三者之间的关系趋于科学化，从而最大限度地消除影响产品质量、安全和生产效率等不良因素。

定置管理的重点在于确定定置物的位置，划分定置区域，并做出明显的标志，其范围包括生产现场、办公室、工具箱、库房、资料柜及文件柜等。定置管理与 5S 的关系在于，它是 5S 活动的一项基本内容，是 5S 活动的深入和发展。

## 定置管理的内容

定置管理主要包含了三个方面的内容：工厂区域定置、生产现场区域定置以及现场中可移物定置。

### 一、工厂区域定置

工厂区域定置是指对整个工厂范围进行区域划分和规定，它包括生产区定置和生活区定置。

1. 生产区定置

生产区定置包括总厂定置、分厂或车间定置以及库房定置。

（1）总厂定置。

总厂定置包括分厂、车间界限划分，大件报废物摆放，改造厂房拆除物临时存放，垃圾区、车辆存停等。

（2）分厂或车间定置。

分厂或车间定置包括工段、工位、工作台、机器设备、工具箱以及更衣箱定置等。

（3）库房定置。

库房定置包括货架、箱柜及储存容器定置等。

2. 生活区定置

生活区定置包括道路建设、福利设施、园林建造以及环境美化等。

## 二、生产现场区域定置

生产现场区域定置是指对班组的作业现场进行区域划分和规定。对生产现场进行区域定置，一般需要规划出毛坯区、半成品区、成品区、返修区、废品区及易燃易爆污染物停放区等。

## 三、现场中可移动物定置

现场中可移动物定置是指对现场中的设备、器具等可移动的物品用具进行规划、整理，统一放置区域。现场中可移动物定置包括劳动对象物定置、工卡和量具的定置以及废弃物的定置。

1. 劳动对象物定置

劳动对象物定置主要是指对原材料、半成品及在制品等的定置。

2. 工卡和量具的定置

工卡和量具的定置主要是指对生产现场的工具、量具、容器、工艺文件及图纸等的定置。

3. 废弃物定置

废弃物定置主要是指对生产作业中所产生的废品、杂物等的定置管理。

## 定置管理的程序

定置管理的程序主要包含了五个步骤。

（1）分析生产现场和生产任务，进行各方面的权衡，使之达到平衡、合理的状态。

（2）根据定置管理的原则、具体的区域环境等进行定置设计，确定定置物的摆放位置。

（3）绘制定置管理平面图。

（4）清理、整顿、清洗生产现场，对生产现场进行合理定置，规范区域利用，并做好验收工作。

（5）通过自验、厂验、上级机关验三个级别的验收程序进行验收工作。

## 定置管理的技法

定置管理的技法主要有五个，分别是现场诊断、作业研究、工艺分析、动作分析以及环境因素分析。

**一、现场诊断**

定置管理是一个动态的整理、整顿体系，是在物流系统各工序实现人与物的最佳结合。因此，在实施定置管理前，需要对现场的现状进行诊断，找出现场中存在的问题及原因，然后才能有针对性地设计出合理的方案，从而达到预定的管理目标。

现场诊断需要考虑的问题包括：

（1）工作现场有哪些工具、物品需要定置管理。

（2）采用什么方法方便管理。

**二、作业研究**

即对班组现场中具体的作业过程、作业需要进行研究，寻找问题点，并设计合理定置。

在作业研究中需要做到：

（1）分析操作者所承担的作业需定置什么工具、物品以及作业者与机械的位置关系等。

（2）分析操作者的动作，设置合理的定置管理。

（3）分析作业者和班组作业，作业者和机械的配置，优化作业中的不合理分配，清除人和物结合得不紧密的状态，消除生产、工作现场的无秩序状态，研究作业者的工作效率，从而建立起高效率、合理文明的生产秩序。

### 三、工艺分析

按照物的加工处理过程，班组作业的工艺主要体现在加工、搬运、检查、停滞及储存五个环节。班组长通过工艺分析进行定置管理，需要分析工序的加工条件、经过时间、移动距离等，从而确定合理的工艺路线、运输路线，以达到人、物、现场环境一体化的最佳状态。

### 四、动作分析

通过分析研究作业者的动作，了解作业者与物之间的结合状态，发现合理的人、物结合状态，对不合理的结合状态加以纠正、改良，从而使作业更加标准化，使物品定制更加规范化，实现人、物、场所结合的高效化。

### 五、环境因素分析

对工厂、作业现场的环境进行分析，发现有不符合国家环境标准要求的环境因素，就必须参照国家环境标准，立即改善。

 **经典案例**

#### 5S 管理让现场生产生机勃勃

某企业曾经的生产现场杂乱无章，简直是"惨不忍睹"。原料、零件、半成品没有任何规定地到处乱放；休息室里堆满了工作服、劳保靴、检修工具；机房里的各种机器和电源插板上布满了厚厚的灰尘；墙上张贴的工作记录表、电话号码表等都被涂改过多次；铁皮柜上则放着饮料瓶、饭盒、塑料袋等杂物。

新上任的班组长小陈看到这一幕很是烦恼，他决定改变这一切。于是他开始翻阅管理书籍，偶然间了解到"5S 管理法"，即通过整理（Seiri）、整顿（Seiton）、清扫（Seiso）、清洁（Seiketsu）、素养（Shitsuke）五个项目，对班组进行秩序化的管理。小陈也觉得，要想进行标准化作业，就必须保证这五个方面情况的良好。

于是，小陈结合本企业的实际情况制定了一份5S管理计划交给了上级。当时正好碰上企业主管部门要加大对重点企业安全生产、节能减排的检查力度的情况，于是管理层决定采用小陈的"5S管理法"，并进行了宣传和动员，首先在小陈所在工段试行，待时机成熟再在全公司推广。

小陈和他的班组成员都积极响应，非常配合5S管理的执行。但一些员工还是存在一些抵触情绪，有些员工认为本来工作就很累，哪里还有时间打扫卫生；还有些员工觉得这种做法并不会给公司和他们个人带来效益；部分管理人员也认为打扫卫生不过就是应付检查，没有什么实际作用。

一时间，5S管理的推行阻力很大，一些人总有抱怨，但是在小陈的努力下，时间久了，班组内的员工开始认识到5S管理的好处，也习惯了加强班组的整理、整顿、清扫、清洁工作，与其他班组相比，他们的素养明显提升了。后来，小陈所在的班组不仅通过了上级组织的安全生产大检查、节能减排检查，而且还给各级领导留下了良好的印象。

当时这家企业联系了一个大客户，企业上下对其积极开展营销攻势，连总经理都亲自出马了，但并没有如期签约。后来，在某个休息日，这个大客户突然派人来到他们企业，要求参观生产线。于是，总经理就带着这个客户参观现场。没想到，客户在参观到小陈所在工段时，立刻对总经理说："我可以和你签约，但是我们的产品必须由这个工段全力负责。"

公司总经理感到非常疑惑，为什么前期做了那么多努力都不见成效，客户参观完生产现场后就拍手答应了呢？原来，客户认为生产现场管理对产品的质量有很大影响，所以采用了突击的方式对企业的生产现场进行考察，发现小陈那个工段的生产现场管理得井井有条，对有用的物料进行定置管理，因地制宜用钢板制作了料仓，将生产用的原料分类放置在料仓中，并且挂上物料名称的标牌；休息室、主控室员工衣服、安全帽置于挂钩上，个人生活用品不乱放；警示牌、房间标牌直观清晰，所以客户就放心交手了。

就这样，小陈推行5S管理建议不仅提高了本班组的作业效率和作业质量，还让企业收获了一名稳定的大客户。

很快公司全面推广5S管理活动，大大提高了工作效率、提高了员工归属感、提高了产品品质、提高了企业效益，企业的发展越来越好，班组长小陈也得到了嘉奖。

# 第五章 全面质量管理：精益求精，追求更高品质

## 第一节 标准化执行，减少差错发生

### 什么是标准与标准化

**一、标准**

1. 标准的含义

标准是指应用流程使作业人员更安全、更容易地工作，以及企业为确保顾客、质量及生产力所采取的最有效的工作方式。标准主要有两种形态：一种是管理标准，另一种是作业标准。

（1）管理标准。

管理标准是管理员工的行政工作所必需的，它包括管理制度、管理章程、人事规则以及政策、工作说明书、会计制度等。

（2）作业标准。

作业标准是指员工实践 QCD（质量、成本、交货期）所应执行的工作方式。

2. 标准的种类

根据作用对象不同，标准通常被分为两种：程序类标准和规范类标准。

（1）程序类标准。

程序类标准是指规定工作方法的标准，如程序文件、作业指导书等。

（2）规范类标准。

规范类标准是指规定工作结果的标准，如技术规范等。

根据生产要素来区分，标准又分为人员、设备、材料、方法、环境五类。

1）人员。

关于人员的标准主要包括组织机能图、工作说明书、规章制度、员工守则等。

2）设备。

关于设备的标准主要包括操作说明书、保养标准、检定标准、安装测试标准等。

3）材料。

关于材料的标准主要包括物料清单、验收标准、图纸等。

4）方法。

关于作业方法的标准主要包括作业指导书、程序文件等。

5）环境。

关于环境的标准主要包括 5S 标准、ISO14000 标准、平面布置图等。

3. 标准的特征

（1）标准是最佳工作方法的代表。

标准是在全体员工多年工作智慧、技巧和经验的总结中产生并不断完善所形成的，它往往是最有效、最安全、最具有成本效益的工作方法。当要维持及改进某件事的特定工作方式时，就要确认不同班别的所有作业人员，都遵守同样的程序、同样的标准进行作业。

（2）标准提供的是最好的保存技巧和专业技术。

标准是被制度化、规范化的最佳工作方法，它是被保存、沉淀下来的员工智慧的结晶，提供的是最好的保存技巧和专业技术。

（3）标准能够防止问题再度发生。

班组长的任务是要确认、定义和标准化每一个流程的主要控制点，解决各个控制点存在的问题或可能出现的变异，保证这些控制点经常都能被执行。这就需要标准的指导，只有对改善的成果予以标准化后，才能期望相同的问题不再发生。

（4）标准是目标、训练的依据和目的。

一旦建立了标准，下一个步骤即是训练作业员，使其能习惯成自然，依照标准去工作，所以标准是目标、训练的依据和目的。

（5）标准是检查和判断现场作业的依据。

在作业现场，工作标准经常被展示出来，用来提醒作业人员作业的主要步骤及检查点。标准除了能够作为作业人员参照的依据外，还能够作为管理人员检查员工工作是否正常，是否严格按照标准来执行的依据。

（6）标准是衡量绩效的基准和依据。

凭借所建立的标准，管理人员可以评估工作的绩效，没有标准，就没有公正的方法来衡量作业人员的绩效。

（7）标准是维持和改善的基础。

班组作业的维持和改善，需要标准作为基础。遵守标准即为"维持"，而提高标准则为"改善"。没有标准或是不遵守标准，必然会导致工作异常、变异和浪费的发生。没有标准，就无法"维持"，更谈不上"改善"。因此，标准是"维持"和"改善"的基础。

**二、标准化**

1. 标准化的含义

标准化是指在一项任务当中，将目前条件下最好的实施方法制定成标准，让从事这个项目的工作人员按照这个标准执行、完善，整个过程就是"标准化"。

标准化不是单纯的规范或者作业方法，它是一个过程，标准化的实践需要一定的时间，所以在进行标准化时一定要有耐心。

2. 标准化的步骤

标准化包含了制定标准、执行标准、完善标准三个步骤。它是这三大步骤不断循环的过程。无论是无标准、有标准未执行或执行不好，还是缺乏一个不断完善的过程等，都不能被称为标准化。

3. 标准化的效果

对于企业内部管理活动而言，标准化的作用始终是功不可没的。其效果可分为三类：通用效果、附带效果和特别效果。

（1）通用效果。

标准化的通用效果主要包括以下六项内容：

1）实现文件化、系统化、自动化。

2）防止混乱、明确责任。

3）确保品质。

4）降低成本。

5）少量化、量筒化。

6）互换性、共通性。

（2）附带效果。

标准化的附带效果主要包括以下两项内容：

1）普及技术知识。

2）增加技术积累，促进技术进步。

（3）特别效果。

标准化的特别效果主要包括以下三项内容：

1）保护环境。

2）保障生产安全。

3）防止不正当利益。

## 班组现场有关的作业标准

班组现场的作业标准是工作人员作业的依据，它必须简要明了、容易理解，避免出现歧义，让人发生误解。为了更加清晰直观地将作业标准表现出来，班组长可以适当运用文章、图表、照片及样本等方式来表示。

常见的现场作业标准主要包括四种：机台操作规范、检验作业规范、加工工序作业指导书以及加工工序检验标准。

### 一、机台操作规范

机台操作规范的内容包括各部件名称及结构、开机前准备、开机顺序、关机顺序、故障排除要领、保养维修要点等。

### 二、检验作业规范

检验作业规范的内容包括使用场合、使用机器、样品抽取方法、检验进行步骤、合格判定基准、检验的处理、安全注意事项等。

### 三、加工工序作业指导书

加工工序作业指导书的内容包括作业程序、加工条件、加工方法、所需材料、管理要点（含频率）、使用设备（含工具）、适用机种等。

### 四、加工工序检验标准

加工工序检验标准的内容包括检验方法、所用检验仪器、偏差允许值等。

这四种作业标准，一般都由公司的标准化委员会或者技术部、质量管理部等颁布，生产现场会领到一份复印本以供使用。

## 班组现场作业标准的应用

将作业标准有效地运用到班组的现场管理和现场作业当中，可以采用以下方式：

### 一、悬挂作业标准书

班组长可以将一些重要的作业标准书悬挂于工作现场中，如机台操作规范、加工工序作业指导书等。在悬挂前最好加上塑胶护套，减少损坏。悬挂地点一般选择在现场的工作台附近，这样可起到直接参照实施的效果。

### 二、进行看板管理

看板管理对推动作业标准化具有极大的作用。班组长可以在作业现场进行看板管理，将工作的重要指示、条件要求，或者作业标准流程等直接以看板的方式呈现出来，悬挂在现场的重要位置。看板呈现方式一般比较简洁、明了，能够让员工快速了解各项工作标准，并将各项重要的标准和要求熟记于心，在作业过程中遵照实施。

### 三、样品展示

班组长还可以通过限度样品的制作和展示来呈现现场作业标准。根据有关检验标准和产品规格，制作出限度样品，将样品悬挂在各需要的工作站位置，让员工通过样品直接参照应用作业标准。

限度样品的制作与产品制作有所不同，制作人员需要标示出样品的形式、尺寸、颜色及外观等，这些标示显示的是作业的标准。限度样品制作完成后，应由质量管理单位进行确认，在确认完全没有问题之后，才能悬挂。

## 标准作业的三要素

标准作业和作业标准并不相同，但二者是相互联系的，作业标准是为了进行标准作业而规定的各种标准。例如，在机械加工时，对车床和车刀的形式、形状、材料、尺寸、切割条件及切割油等所做的标准规定，即为作业标准，而严格遵循这些标准规定进行作业，有效实现材料、机器和人的作业组合，并制作出品质合格的产品，即为标准作业。

标准作业是现场进行高效率生产的基础，是现场管理者管理的基础，也是进一步改善班组作业和管理的基础。

标准作业主要由三个要素构成，包括周期时间、作业顺序和标准持有量，三者缺一不可。

### 一、周期时间

所谓周期时间，是指制造一个产品所用的时间，它是由生产数量和工作时间决定的，因此，周期时间的计算公式为：

$$周期时间 = \frac{工作时间}{每天的必需量}$$

其中，每天必须量的计算公式为：

$$每天的必需量 = \frac{一个月的必需量}{工作天数}$$

周期时间一旦被确定，就决定了在那段时间里每个人完成的作业量。在这种情况下，工作速度和作业熟练度等标准，可以由班组长自己设定。能够在周期时间内按照标准完成规定的工作量，就意味着你已经是一名可以独当一面的员工了。

## 二、作业顺序

所谓作业顺序，是指在作业者加工产品时，从原材料向产品转变的过程，它是伴随着时间的流动而进行作业的顺序，包括运输、原材料上机和下机以及制品过程等。

如果班组内的每个员工都按照自己的喜好，任意改变作业顺序，而没有遵循统一的、明确的作业顺序进行作业，那么即使是同一个人进行相同的作业，每次的顺序也会有所不同。

没有明确、统一的作业顺序，或者不遵守作业顺序，员工在进行作业时常常会出现忘记加工或将安装错误的产品流向后工序的情况，这就容易造成作业混乱、设备破损、安装生产线停止、生产浪费、产品质量不合格等严重后果，影响企业利益和声誉。

因此，班组长应当制定具体的、定量的作业顺序，实现作业顺序的标准化，最好是要细分到各个细节处，以把握现状。例如，明确两手的使用方法、脚的位置及投入工作的方法等。班组长还要严格实施作业顺序，并监督作业顺序的实施情况，让作业者有意识地根据标准作业顺序进行作业。

## 三、标准持有量

在推进作业的过程中，没有半成品的作业是不存在的，一定数量的半成品是作业顺利进行的保证。而工序内必需的半成品，包含安装在机器上的产品，就是标准持有量。标准持有量，随着作业顺序、作业方式或机器机械配置方法的不同而改变。

就理论而言，以同样的机器配置，按加工工序的顺序进行作业，此时只要机器安装所需的东西就可以了，工序间便不会存在持有量，但实际生产中由于各种情况的需要，必然会出现标准持有量，如：

（1）在按照推进工序的相反的顺序进行作业时，各个工序间，每制造一个产品，就必然要出现一个持有量；如果是安装两个的时候，就是每制造两个产品，就会出现持有量。

（2）由于品质核查的需要，有些地方必须要有几个半成品。

（3）为了把油用完，节约用料，减少浪费，必须要有几个半成品。

（4）有些工序的产品在没有下降到一定温度的情况下，就不能完成后面的作业，由此便在该工序处产生了标准持有量等。

## 标准作业的推进方式

常见的标准作业推进方式主要有三种：

### 一、严格遵守标准作业

无论多么完美的标准作业，作业人员如果不遵守，就没有通畅的作业流程，班组长的管理工作，也会因为员工没有遵守标准作业而变得繁杂，需要每天围绕着无意义的琐事而忙碌。因此，为了推进标准作业，班组长必须严格要求作业人员彻底地遵守标准作业。

为确保作业人员严格遵守标准作业，班组长需要做到：

（1）制定的作业标准要让任何人都能简单地遵守，不能过于苛刻，使得大多数员工都无法遵守。

（2）班组长自身必须充分了解并掌握标准作业。

（3）班组长必须对作业人员进行深入、透彻的培训指导，把遵守标准作业的理由、要求以及不遵守的后果等讲清楚，让每一个作业人员都能够彻底理解并遵守标准作业。

（4）班组长要培养作业人员做出好产品的愿望以及对待产品品质的责任感。

（5）班组长要深入了解作业人员不能遵守标准作业的情况，根据具体原因，做出相应处罚或对标准作业进行适当修改。

### 二、检查标准作业实施效果

班组长要对标准作业的实施效果进行检查，对其实施后产生的结果进行分析、研究。若有异常状况，要彻查原因，并寻找确切的处置办法。检查标准作业实施结果的过程中，班组长需要做到：

（1）明确标准作业自身不完备的地方，及时进行修正或向上级报告。

（2）在检查中或检查完成后，班组长要基于事实考虑问题，要注意自己发表看法的态度。

（3）在追究不良后果的责任时，班组长要考虑作业者是否按照标准作业进行了作业，或作业者是否已经熟练掌握了标准作业的重点等问题。

（4）班组长要不断地到作业地点巡查检验，把握现场情况，在现场对作业的方法进行实地指导。

（5）若需要对标准作业进行修正，班组长要把修正的内容、理由彻底地对全体员工进行公布。

### 三、经常改善标准作业

永远没有唯一的、最好的标准作业，标准作业本来就是由于改善的需要，层层积累而产生的，它是改善的基础，必须要经常改善，新的标准才能诞生，才更有利于提高作业效率和作业质量。

## 现场作业指导书如何编制

### 一、现场作业指导书的编制原则

编制现场作业指导书，需要遵循以下原则：

#### 1. 全程控制与管理原则

班组编制的现场作业指导书，必须体现出对现场作业的全过程控制，体现出对设备及人员行为的全过程管理，包括设备验收、运行检修、缺陷管理、技术监督、反应措施以及人员行为要求等内容。

#### 2. 以生产计划为依据原则

生产计划是一段时期内生产活动的纲领性方案，生产计划的制定需要根据现场运行设备的状态进行，如缺陷异常、反应措施要求和技术监督等内容。而现场作业指导书的编制必须要以生产计划为依据，根据生产计划的要求来安排现场作业。

#### 3. 细化、量化和标准化原则

现场作业指导书应在作业前就要编制，编制时要注重指导书的策划和设计，要将班组现场作业中的每一项作业内容都进行量化、细化和标准化。尽量做到作业有程序，安全有措施，质量有标准，考核有依据。

**4. 注重危险点原则**

现场作业指导书的编制要充分考虑现场作业中的安全问题，针对现场实际，进行危险点分析，并制定相应的防范措施。

**5. 明确分工原则**

现场作业指导书在编制过程中应体现分工明确，责任到人的原则，编写、审核、批准及执行等环节应做到签字齐全。

另外，围绕安全、质量两条主线，实现安全与质量的综合控制，现场作业指导书的编制还应做到：

（1）一项作业任务编制一份作业指导书。

（2）结合现场实际，由专业技术人员编写作业指导书，并由相应的主管部门审批。

（3）作业指导书的编写要依据统一的格式，文字要简练，概念要清楚，表达要准确。

（4）作业指导书中要规定保证本项作业安全和质量的技术措施、组织措施、工序及验收内容等。

**二、现场作业指导书的编制步骤**

**1. 收集相关资料**

编制现场作业指导书前，班组长要做好收集相关资料的准备，包括有关的标准、规格书，如制造标准书、制品规格书、制造工程图以及检查标准等。

**2. 依据标准、规格书实施工作指导**

根据制造工程图分配作业人员，再根据制造标准书、检查标准等进行分配作业。

**3. 研究决定作业指导书的内容**

由制作单位负责研究决定现场作业指导书的内容，原则上一名作业人员一张，以便更灵活地调度运用。

4. 制作作业指导书

制作现场作业指导书必须遵照一定的标准、规格，遵守必要的条件。

5. 确认、制定作业指导书

现场作业指导书制作完成后，要交给制造负责人，由制造负责人对作业指导书的内容进行确认并制定。

6. 运用作业指导书进行人员培训

现场作业指导书制定完成后，班组长要充分运用作业指导书来培训作业人员，让现场作业人员明确记住作业程序和作业重点，保证作业质量，确保产品品质的稳定，降低发生不良品的概率。

7. 管理作业指导书

一般现场作业指导书都要放在作业现场中触手可及的地方，方便作业人员学习和参考。

8. 修改作业指导书

班组长或相关人员要定期对作业内容中不完整、不完善的部分进行补充，不断修改并确认作业指导书中的内容。在修改作业指导书时，要把握好设计的变更、操作的变更、品质改善对策等问题点，并以这些问题点作为作业指导书修改时的要点。此外，最好用"△"标示修改记录，作为下次修改时的参考。

**三、现场作业指导书的书写原则**

1. 分门别类

班组长要依据工作机种、工作站、职场类别、工作单位及工作时程等分类原则，书写现场作业指导书。清晰、明确的分类，有利于书写时汇整工作的进行，避免混乱，提高效率。

2. 再三确认

书写作业指导书时要认真细致，不能遗漏任何一个步骤，要清楚地表述出正确的作业流程。在书写过程中或写完之后，一定要请厂长及制造负责人同步进行确认，保证书写内容的正确性和准确性。

3. 写清制作顺序

书写现场作业指导书，需要写清准确、有效的制作顺序，不能模糊不清或模棱两可。

要想写清准确的制作顺序，编写人员需要做到：

（1）在书写制作顺序前，要仔细研读"制造规格书"，以制造规格书作为作业指导书的编写参考。

（2）在参考了制造规格书的情况下，为确保制作顺序的有效性和可操作性，制作者要自己亲自操作一遍，掌握住制作过程中的重点所在，并注意实际作业时可能会发生的状况。

（3）在书写作业指导书的过程中，制作者还要随时掌握相关的信息资料，尤其是过去的品质管理记录、经验等，这些相关资料都要放在工作作业指导书当中。

# 第二节　作业现场 TQM 活动的运行

## TQM 的概念和基本特点

### 一、TQM 的概念

TQM（Total Quality Management）也称全面质量管理或者全面品质经营，是一种全员、全过程、全企业的品质经营。

TQM 最早是由美国质量管理专家菲根堡姆提出来的。1961 年，菲根堡姆出版了一本著作，在这本著作中他强调执行质量是企业全体员工的责任，企业应当使全体员工都具有质量的概念并承担质量的责任。

TQM 就是从消费者完全满意的角度出发，要求组织内的各个部门综合进行开发、保持、改进质量的努力，以便最经济地进行生产和服务的有效体系。

### 二、TQM 的基本特点

TQM 的基本特点在于：全员参加、全过程、全面运用一切有效方法、全面控制质量因素、全面提高经济效益。

1. 全员参加

对于班组管理而言，全员参加即为班组内全体工作人员共同参与到质量控制当中。它意味着质量控制已经不再是少数质量管理人员的责任，已经扩展到了所有员工身上。无论是高层管理人员还是普通作业工人，都要参与质量改进活动。

2. 全过程

全过程是指将质量控制从质量检验和统计质量控制扩展到整个产品寿命周期。

3. 全面运用一切有效方法

在 TQM 过程中，除了运用数理统计法外，还要充分运用一切可以运用的有效方法进行质量管理和控制。

4. 全面控制质量因素

全面控制质量因素意味着要控制好影响质量的各方面因素，包括人、机器设备、材料、工艺、检测手段、环境等，以确保质量。

5. 全面提高经济效益

TQM 中所涉及的全面的质量包括产品质量、工程质量、工作质量和服务质量。这些质量，尤其是产品的质量，他们与控制成本有着极其密切的关系。实行 TQM，在保证质量的同时，降低生产成本，能够全面提高企业的经济效益。

此外，TQM 还强调以下观点：

（1）用户第一。

TQM 将用户的概念扩充到组织内部，即下一道工序就是上一道工序的用户，强调用户第一，在本工序严格控制质量，避免将问题留给用户。

（2）定量分析。

TQM 强调定量分析的观点，只有定量化才能获得质量控制的最佳效果。

（3）预防为先。

TQM 强调预防的观点，即在设计和加工过程中预防为先，消除质量隐患。

（4）工作质量为重。

TQM 强调以工作质量为重点，因为产品质量和服务均取决于工作质量。

## TQM 的关键点是什么

### 一、质量第一

TQM 即全面质量管理，其关键就在于要把质量控制放在第一位。

### 二、客户至上

全面质量管理的中心思想是为客户服务，一切从客户的角度出发。紧抓客户的需求，客户要什么样的产品我们就生产什么样的产品。

### 三、质量形成于生产全过程

产品生产全过程是由若干个相互联系的环节所组成的，直到合格品入库，这一过程中的每一个环节都或多或少地影响着产品质量的最终状况，也决定着 TQM 的管辖范围。

### 四、允许质量具有小的波动

质量的高低永远处于波动的状态，并不存在完全一致的质量，而 TQM 所要做的，重点在于将质量控制在允许的范围内。

### 五、质量控制以自检为主

在 TQM 过程中，对质量的控制应当以自检为主。因此，检验质量情况不能只靠检验部门定期的检验，班组长要有意识地培养作业人员在作业的全过程中明确质量规范，树立强烈的自我质量检查意识。

### 六、用数据衡量质量的好坏

评估质量的高低，不能只凭感觉，必须要通过量化，借助真实的数据来衡量。

### 七、质量管理以预防为主

在产品生产完之后再进行质量检验，这是传统的控制产品质量的方法，这种方法能够统一作业，但它仅是一种事后补救措施，不能在生产过程中及时防止缺陷的产生，往往容易出现大量的不合格产品，造成不必要的损失。

因此，在 TQM 中，必须意识到质量应该以预防为主，通过事前管理而不是事后补救的方式来降低产品的成本。

### 八、科学技术、经营管理和统计方法相结合

全面质量管理尤其要注重科学技术、经营管理和统计方法相结合。其中，统计是方法，技术是基础，管理是保证。

# TQM 中有哪些 QC 手法

质量管理的提高，必须要管理、改善与统计方法相辅相成，三者相互联系，在整体上才会发挥效果。而对数据的统计分析，离不开 QC 七大手法。

QC 七大手法是常用的统计分析法，它是利用各种图表进行数据统计和分析，从而为提高质量管理提供最直观的数据依据。QC 七大手法主要包括分层法、查检表、直方图、散布图、控制图、因果图和柏拉图。

### 一、分层法

1. 含义

分层法又被称为层别法，它是整理质量数据的一种重要方法。分层法就是按照不同的目的，对收集到的数据进行分类，把性质相同、在同一生产条件下的质量数据归类在一起，然后再进行加工整理，使得数据反映的事实更明显、更突出，以便于找出问题。

2. 分类方式

在全面质量管理过程中，一般采用 5M1E 分类方式对收集到的数据进行分类。5M1E 分类主要是指按操作人员进行分类、按工作场地或设备进行分类、按原材料进行分类、按操作方法进行分类、按生产环境进行分类以及按测量手段进行分类。

另外，班组全面质量管理过程中还可以根据具体的生产情况和作业要求，按照其他标志对数据进行分类。

### 二、查检表

查检表是最为基本、最为常用的质量原因分析方法，一份检查表通常只

针对一项具体产品进行质量调查分析。

在实际工作中，班组管理者通常会将查检表和分层法结合起来使用，合理的分类有利于管理者更加清楚地调查、分析质量原因。

常用的查检表主要有以下三种：

1. 不合格品统计查检表

不合格品统计查检表，是指针对不能满足质量标准要求的产品所制定的统计表，主要用于调查产品质量发生了哪些不良情况及其各种不良情况的比率大小。

表5-1是不合格品统计检表的一般格式。

表5-1　不合格品统计查检表

| 名称 | | 项目数 | | 日期 | |
|---|---|---|---|---|---|
| 代号 | | 不良品件数 | | 检查员 | |
| 工段名称 | | 检查数 | | 制表人 | |
| 返修项目名称 | | 频数 | 小计（台） | 占返修的比率（%） | |
| | | | | | |
| | | | | | |
| | | | | | |
| | | | | | |
| | | | | | |
| | | | | | |
| | | | | | |

2. 缺陷位置查检表

缺陷位置查检表，是指在产品的草图或展开图上，以不同的符号或颜色标出产品的缺陷部位，调查产品各个部位的缺陷情况，并将其绘制到相应的检查表上，等到生产过程中发生某种缺陷时就可以被利用的一种QC表。

表5-2是缺陷位置查检表的一般格式。

表 5–2　缺陷位置查检表

| 名称 | | | 调查项目 | 流漆 | 日期 | |
|---|---|---|---|---|---|---|
| 代号 | | | | 色斑 | 检查员 | |
| 工序名称 | | | | 尘粒 | 制表人 | |

（简图位置）

×流漆
●色斑
△尘粒

### 3. 频数分布查检表

频数分布查检表是针对以产品质量特性值为计量值的工序而制定的，其目的在于掌握这些工序产品质量的分布情况。频数分布查检表的要点在于收集、整理资料，并根据事实、数据来分析质量分布情况。

频数分布查检表需要预先制好一种频数分布空白表格，表 5–3 是频数分布查检表的一般格式。

表 5–3　频数分布查检表

| 名称 | | 质量特性 | | 批号 | |
|---|---|---|---|---|---|
| 代号 | | 标准化 | | 日期 | |
| 工序名称 | | 总数 | | 检查员 | |
| 单位 | | 检查数 | | 制表人 | |
| ... | | ... | | ... | |

### 三、直方图

直方图又可称为数据图，它是对数据进行整理分析，通过数据的分布情况和分布特征，检查工序是否处于稳定状态，判断工序质量好坏的一种 QC 手法。

直方图是全面质量管理过程中进行质量控制的重要方法之一，它适用于整理和加工具有大量计量数值的资料。管理者可以将测量所得到的数据按大小顺序整理，并划分为若干个区间，然后统计各区间内的数据频数，再用直方形来表示这些数据频数的分布状态。

直方图的一般格式为图形的中心附近最高，越往两侧就越低，多呈现左右对称的形状。然而，根据具体情况不同，直方图的具体形态也不一样，具体分为常见形、折齿形、平顶形、偏态形、双峰形和孤岛形等形状。

1. 常见形直方图（见图 5-1）

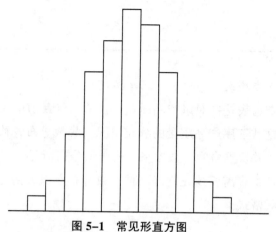

图 5-1　常见形直方图

常见形直方图是直方图当中最为常见的图形，如图 5-1 所示，其特点在于中心附近频数最多，两侧逐渐减少，呈现左右对称的形状。常见形直方图表示此时工序处于稳定状态。

2. 折齿形直方图（见图 5-2）

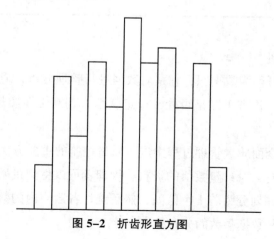

图 5-2　折齿形直方图

折齿形直方图，顾名思义，它所呈现出来的是折齿形或梳齿形，它是由于区间的某一位置上频数突然减少而造成的。出现折齿形的原因可能在于数据分组太多，或者是测量误差过大、观测数据不准确等，此时应当重新进行数据的收集和整理。

3. 平顶形直方图（见图5-3）

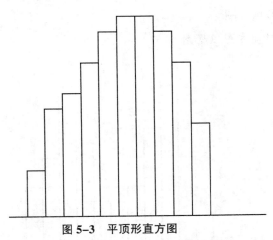

图5-3　平顶形直方图

平顶形直方图的特点是没有突出的顶峰。平顶形直方图通常表示在该阶段的生产过程中出现某些缓慢的倾向，如工具磨损、作业人员疲劳等。

4. 偏态形直方图（见图5-4）

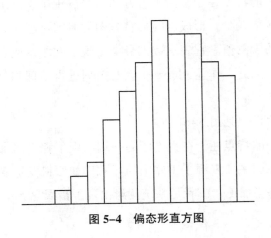

图5-4　偏态形直方图

偏态形直方图是一种非自然形态的直方图，其特点在于频数多集中于同一侧，而另一侧较陡，使得直方图的平均值偏离中心，左右两侧不再对称。

偏态形直方图主要是在产品质量较差时产生的，由于生产的产品质量普遍不合格，为了得到合格的产品，作业人员需要对产品进行全数检查，然后剔除不合格品。在不合格品被剔除以后对产品数据频数进行直方图绘制，就会产生偏态形直方图。

5. 双峰形直方图（见图5-5）

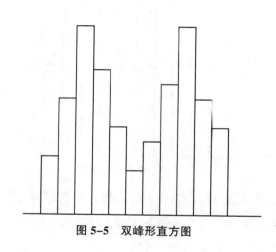

图5-5　双峰形直方图

双峰形直方图的特点在于在整个直方图当中出现了两座山峰形状，而直方图的中心附近频数较少。形成山峰形直方图的原因可能是在同一组数据中出现了两个总体的观测值。它表示数据分类出现了问题，或者有两个产品的数据混在了一起，因此，作业人员要重新对数据进行整理和分类，然后再画直方图。

6. 孤岛形直方图（见图5-6）

孤岛形直方图的特点在于在直方图的一端出现了独立出来的小岛。孤岛形直方图产生的原因主要来源于工序中的异常，如原料发生变化，在短期内由不熟练的工人替班加工，或者是系统测量出现了错误等。

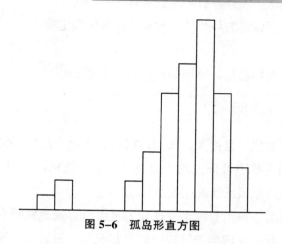

**图 5-6　孤岛形直方图**

### 四、散布图

1. 含义

散布图通常又被称为散点图，它是通过分析研究两种因素的数据之间的关系，来控制影响产品质量的相关因素的一种有效方法。例如，通过分析室温和漆料黏度之间的关系，从而有效控制室温，使漆料黏度达到最优化。

散布图主要运用直角坐标系来绘制两个变量之间关系图，它通过小点来表示影响质量特性的各个因素的数据，然后观察它们在直角坐标系当中所表现出来的关系。

2. 绘制方式

散布图主要有两种绘制方式，一种是直方图式的排列方式，另一种是描点的方式。

描点的方式更便于观察数据的分布状况，更有利于快速了解两个要素之间的各种因果关系，如强烈正相关、弱正相关、强烈负相关、弱负相关、不相关以及非线性相关等。描点式散布图的运用，可以帮助班组管理者或作业人员肯定，或者否定关于两个变量之间可能关系的假设。

### 五、控制图

1. 含义

控制图通常又被称为管控图，它是通过在图上绘制质量波动数据，观察数据是否超过控制界限来判断工序质量能否处于稳定状态。

2. 作用

控制图能够直接监视、控制生产过程，对产品生产质量、作业质量等具有保证作用。

3. 基本原理

控制图的基本原理是把人、机器、材料、作业方法、环境和测量这六个造成质量波动的主要因素分为两个大类，一类是随机性原因或偶然性原因，另一类是非随机性原因或系统原因。

通过这种分类，班组管理者或作业人员可以有效地判断生产过程中工序质量的稳定性，及时发现生产过程中的异常现象，根据生产设备和工艺装备的实际精度，制定出可靠的工艺目标和规格界，并在确保准确性的情况下，以较快的速度测量出系统误差的影响程度。

控制图应用起来比较简单，通常情况下，效果也比较好。

### 六、因果图

1. 含义

因果图一般又被称为鱼骨图或特性要因图。它是一种简明而又有效的查找产品质量问题产生原因的方法。编制因果分析图是 TQM 过程中用于质量分析时使用频率最高的方法。

2. 作用

因果图除了被用于查找、分析产品质量问题产生的原因外，还可以被用于分析各种其他问题产生的原因，或管理和改善工程。

3. 绘制方法

（1）明确分析对象。绘制因果分析图前，必须先将要分析的质量问题写在因果图的右侧，然后画出主干线箭头直指右侧的质量问题。

（2）寻找大原因。以分支线的形式，画出质量问题最大的影响因素，分支线与主干线应成 60 度夹角。

（3）分析原因。从影响质量的大原因中寻找中原因，从中原因处再挖掘小原因，依次类推，全面分析并步步深入，直到能够采取措施为止。

（4）寻找关键原因。在众多的原因分支中，寻找影响质量的关键原因，并采取相应的措施加以解决。

4. 因果图中常见的原因因素

（1）成本方面。

在成本方面，作为特性经常出现的影响质量的原因因素主要包括损耗、材料费、废品率、人工费等指标。

（2）质量方面。

在质量方面，主要包括尺寸、重量、纯度、废品率和疵点数等。

（3）效率方面。

在效率方面，主要包括工时、需要时间、运转率、负荷系数、产量等。

此外，大原因或关键原因主要存在于 4M1E 和八大要素中，所谓 4M1E，是指人员、设备、方法、材料和环境，而八大要素除了 4M1E 之外，还要加上工具、检测和搬运三个要素。

### 七、柏拉图

柏拉图又被称为排列图，它是找出影响产品质量关键因素的有效方法。

柏拉图的绘制一般遵循三大步骤：

（1）收集一定期间的数据。

（2）加工整理数据。

（3）根据数据绘制直方排列图。

需要注意的是，绘制柏拉图时需要在图上注明取得数据的日期、数据总数、绘制者姓名、绘制日期以及其他有参考价值的事项。

## TQM 过程的质量管理

TQM 的内容主要包括设计过程、制造过程、辅助过程和使用过程四个方面的质量管理和控制，它是全面性的质量管理过程。

### 一、设计过程的质量管理

这里的设计过程，是指产品正式投产前的全部技术准备过程，包括市场调查、产品设计、工艺准备、试制和鉴定等过程。产品设计过程的质量管理是全面质量管理的首要环节。

## 二、制造过程的质量管理

对产品直接进行加工的过程即为制造过程。制造过程的基本任务在于保证产品的制造质量，建立完善的生产系统，使之能够稳定地生产出合格品和优质品。制造过程是产品质量形成的基础，也是企业质量管理的基本环节。

班组通过 TQM 对制造过程进行质量管理，其管理的主要内容包括以下四个方面。

1. 组织和促进文明生产

（1）遵循合理组织生产过程的客观规律，组织和促进班组的文明生产，增强班组生产的节奏性，实现均衡生产。

（2）严格班组生产过程中的工艺纪律，监督班组作业人员整齐码放在制品，注重储运安全，让他们养成自觉遵守班组生产纪律的习惯。

（3）在生产过程中要保持设备整洁完好。

（4）培养作业人员井然有序的工序存放行为和习惯。

（5）合理布置工作现场，保证现场作业时照明良好，四周颜色明快和谐，噪声适度，空气清新。

2. 组织工序的质量控制，建立管理点

工序质量控制的目的是在产生不合格产品之前就能够及时发现并预报问题所在，及时进行处理和控制，从而有效地减少或防止不合格产品的产生。工序质量控制是保证制造过程中产品质量稳定性的重要手段。

组织工序质量控制应当建立管理点。所谓管理点，实际上就是将生产过程中的重点工序或重点部位确定为重点管理对象，并采取各种必要的手段和方法，加强对这些重点工序和重点部位的管理。

建立管理点有助于明确制造过程中质量控制工作的重点，帮助班组长有的放矢地进行制造过程中各个工序的质量管理，从而保证工序质量的稳定良好。

通常，下列情况之一的工序应作为管理点。

（1）生产过程中的关键工序或关键部位。所谓关键工序或关键部位，就是指那些对产品主要性能和使用安全具有影响的工序或部位。

（2）工艺本身有特殊要求的工序。

（3）严重影响到后来的工序加工或产品装配工作的工序。

（4）质量不稳定的工序。

（5）出现不合格品较多的工序。

（6）反馈不良，被用户普遍反映、投诉的项目，或经过试验后不达标的项目。

3. 组织质量分析，掌握质量动态

质量分析主要包括不合格品（或废品）质量分析和成品质量分析。

（1）不合格品质量分析。

对不合格品或废品进行质量分析，其目的在于找出造成不合格品和废品产生的原因和责任，发现和掌握发生不合格品或废品的规律性，以便采取措施，加以防止和消除。

（2）成品质量分析。

对生产成品进行质量分析，其目的在于全面掌握产品达到质量标准的动态，以便改进和提高产品质量。

从规定的某些质量指标入手，是进行质量分析的常见方法。这些指标一般可分为两类，一类是产品等级率、产品寿命等产品质量指标；另一类是废品率、不合格品率等工作质量指标。

4. 组织质量检验工作

质量检验工作一般包括原材料进厂检验、工序间检验以及产品出厂检验。良好的质量检验工作要求要严格把好各工序的质量关，保证各工序的作业人员都能够按照质量标准进行生产，防止或减少不合格品转入下道工序。

组织质量检验工作，控制好各个工序的生产质量，除了依靠质监部门进行专职检验外，还应制定自检制度，设置生产工序自检员，将自检和互检相结合，使自检与专职检验密切结合起来，把好"第一道工序"的质量关。

**三、辅助过程的质量管理**

辅助过程主要包括物资采购供应、工具制造、动力生产、仓库保管、设备维修和运输服务等，它是提供各种物资技术条件以确保制造过程正常进行的过程。

### 四、使用过程的质量管理

使用过程质量管理的基本任务在于提高售前服务和售后服务的质量，保证产品的实际使用效果，从而促进产品质量的研究和改进。

使用过程的质量管理是考验产品实际质量的过程，它是全面质量管理的出发点和落脚点。

## TQM 现场质量管理

### 一、现场质量管理的含义

现场质量管理又被称为生产过程质量管理或制造过程质量管理，它是全面质量管理中的一种重要方法。

现场质量管理是指对整个生产现场进行质量管理，包括从原材料投入到产品形成的各个环节。生产现场是 4M1E 的集中点，而 4M1E 是影响产品质量的重大因素，因此，搞好现场质量管理，可以确保稳定而又高质量产品的生产，降低消耗，提高经济效益。

### 二、现场质量管理的对象

生产现场是班组现场质量管理的对象，对影响产品质量的各种现场因素和行为进行控制和管理是班组现场质量管理的核心。

### 三、现场质量管理的要求

1. 对操作者的要求

（1）操作者要学习并掌握现场质量管理的基本知识，了解现场质量管理和控制的方法，清楚工序所用数据记录表和控制图等的作用和用法。

（2）熟记操作规程和检验规程，严格按照作业指导书和工序质量管理表的规定进行操作和检验。

（3）掌握所操作工序管理点的质量要求。

（4）掌握本人操作工序管理点的支配性工序要求，认真贯彻执行被纳入到操作规程的支配性工序要素，监督其他部门或人员负责管理的支配性工序要素。

（5）注意观察生产现场中的工序质量异常波动，及时分析造成工序质量波动的原因，并采取有效措施加以调整。

（6）牢固树立下一道工序是用户、用户第一的思想，定期访问用户，征询用户的意见，不断提高本工序质量。

（7）清楚、真实地填写好各种现场作业记录表，如数据记录表、控制图和操作记录等，按规定时间进行抽样检验、数据记录，并保持各种图、表和记录的整洁与准确。

（8）贯彻执行自检责任制和工序管理点管理制度，积极开展自检活动。

2. 对检验员的要求

（1）检验员要对自己所负责的检验范围现场的质量要求和检测试验方法非常熟悉，严格按照检验指导书所规定的检验要求进行检验。

（2）检验员还要熟悉现场质量检验所用的各种图、表或其他控制手段的作用和用法。

（3）建立管理点的工序是检验的重点，检验人员应当按照制度规定参加管理点工序的质量审核，并重点做好管理点工序的检验工作。

（4）检验人员应当对管理点的质量特性和该特性的支配性工序要素进行巡回检验，在发现问题时，应及时查找原因并采取有效措施加以解决。

（5）检验人员的作业内容除了检验产品质量外，还要对操作工人执行工艺和工序管理点的情况进行监督检验，及时劝阻违章作业的工人，并做好记录。

（6）检验人员要认真检查操作人员的自检记录，计算他们的自检准确率，并按月公布和上报。

# 第三节　推进质量管理 PDCA 循环

## PDCA 循环的概念和特点

很多专家学者都曾积极探索过班组管理的规律，直到 20 世纪 20 年代，美国的戴明博士通过对众多企业生产情况的总结和研究，提出了企业管理的 PDCA 循环，才为企业班组管理找到了一种科学的管理方法。

### 一、PDCA 循环的概念

PDCA 循环又被称为"戴明循环"，它包含了管理中的四个阶段。

1. P（Plan）阶段

这是 PDCA 循环的第一阶段，即计划阶段。该阶段的任务是通过分析研究，确定质量目标、管理项目、PDCA 的活动计划和活动措施。

2. D（Do）阶段

这是 PDCA 循环的执行阶段。该阶段的任务是根据计划阶段所预定的目标、措施和计划等，组织实现计划中的内容。

3. C（Check）阶段

这是 PDCA 循环的检查阶段。该阶段的任务是检查执行阶段中对计划的实施情况，在检查过程中，计划阶段所设定的计划目标是检查的标准，检察人员将实际工作结果与这一标准对比，衡量效果，找出存在的质量问题。

4. A（Action）阶段

这是 PDCA 循环中的行动阶段。该阶段的主要任务是处理检查结果。一般而言，检查结果大致可以被分为三种，针对不同的结果，应当采取不同的处理方式。

（1）成功的经验。

检查结果显示根据该计划所施行的活动取得成功时，班组管理人员就要对这个成功的经验加以肯定，并适当推广、标准化，或将它收录到作业指导书中，作为参考。

（2）失败的教训。

检查结果如果显示该项活动属于失败的教训时，班组管理人员应当做好总结和记录工作，避免错误重现。

（3）问题未解决。

检查结果若显示当前问题还未得到解决时，班组管理者应当将该问题作为下一次 PDCA 循环中有待解决的问题。

### 二、PDCA 循环的特点

1. 环环相扣

从整个企业的角度来看，PDCA 循环是一个大环套小环、环环相扣、相互制约、互为补充的有机体。班组作为一个生产单元，它是企业这个大PDCA 循环中的一个子目，是企业各大层级的管理环中的一环。

PDCA 循环的环环相扣特点还表现为，上一级循环是下一级循环的依据，下一级循环是上一级循环的具体化。

2. 集多种科学管理方法于一身

PDCA 循环集多种科学管理方法于一体，主要包括工业工程的研究方法、统计控制方法等。结合运用多种管理方法，能够显著提升 PDCA 循环实施的效果。

3. 螺旋式循环上升状态

班组 PDCA 循环整体上呈现出螺旋式循环上升的状态，每一次的循环上升都表明解决了一个新问题，以及产生了一个新的目标和内容。PDCA 的这种循环上升状态使得班组的管理水平和生产质量水平不断提高。

## 班组 PDCA 循环的实施步骤

班组 PDCA 循环主要有八大步骤。

### 一、分析班组现状

实行 PDCA 循环前，首先要对班组生产和管理现状进行分析，找出每个生产环节存在的问题。

### 二、寻找影响因素

分析完班组生产和管理现状之后，要开始寻找影响班组现有的生产和管理的因素。班组长可以通过因果图寻找影响因素，并进行分析。

### 三、寻找问题的主因

通过分析因果图，结合实际情况，寻找问题产生的主要因素。

### 四、制定整改措施

班组长组织班组成员针对寻找到的每一个问题的主因，制定有针对性的整改措施，进行集体攻关。为了找到有效的整改措施，班组长应组织员工明确以下六个问题：

（1）制定整改措施的原因是什么？

（2）整改措施需要达到的目标是什么？

（3）需要执行整改措施的作业环节是哪个？

（4）由谁负责完成？

（5）最佳的完成时间是什么时候？

（6）完成的具体方法是什么？

### 五、实施整改措施

落实第四步，在班组生产过程和管理中具体实施整改计划。

### 六、评估执行结果

执行完成后，班组长需要组织班组员工对执行的结果进行检查和评估，要求评估人员需要具备较为精湛的技术。

### 七、总结评估结果

班组长可以通过班组会议等形式，对检查结果进行总结。提炼成功经验，并将之制定成工作标准加以推广执行；总结某方面计划在执行过程中失败的原因，并进行相应的改善。

班组长要根据检查结果，修订和完善目前的班组工作规程和相关制度等，使其能更好地指导班组生产活动。

### 八、准备下一个循环

班组长应当将上一步没有解决的问题放入到下一个 PDCA 循环当中。

## 怎样进行制程质量异常处理

### 一、制程质量异常的含义

制程质量异常即在产品制造过程中出现的各种质量异常现象，包括产品的合格率低或者有严重缺陷，质量控制曲线非常不稳定等现象。

### 二、制程质量异常处理的要点

（1）制程检验员在制程中发现质量异常，应当立即采取临时措施，并填写"异常处理单"通知质量管理单位。

（2）填写"异常处理单"时需注意：

1）只有量产者才能填写。

2）不能在 24 小时内针对同一异常重复填单。

3）填写要详细，尤其是异常内容以及临时措施。

4）如果本部门就是责任部门，应当先进行确认。

表 5-4 是异常处理单的一般格式。

表 5-4　异常处理单

| 年　月　日 | | 编号： |
|---|---|---|
| 异常现象 | | 经办人：<br>年　月　日 |
| 班组车间意见 | | 签章：<br>年　月　日 |
| 质量管理部门建议 | | 签章：<br>年　月　日 |
| 厂长批示 | | 签章：<br>年　月　日 |
| 备注 | | |

（3）质量管理部门要设立管理簿进行登记，并分析具体情况判定责任部门，通知其妥善处理。如果质量管理部门也不能判定到底是哪个部门的责任，就要和有关部门协商后进行判定。

（4）被判定的责任部门应当立即组织调查，明确出现异常的原因，并拟订改善对策，经厂长核准后实施对策。如果责任部门无法查找到具体原因，便由相关部门进行研究后决定对策。

（5）在采取措施之后，质量管理部门应对改善措施的实施效果进行检查，如果异常仍然存在或产生了新异常，就需要让责任部门重新调查，找到根本原因，拟订改善对策。等到异常被解决之后，再向厂长报告并归档。

## 怎样进行制程质量作业管理

### 一、制程质量作业管理的含义

制程质量作业管理是指为了维持制程质量的稳定，提高生产效率，降低成本，而对班组现场生产过程中的作业情况进行管理，包括检查作业人员是否严格按照作业标准作业、检查产品质量是否合格、管理作业设备等。

### 二、制程质量作业管理的时间

从原料投入开始到成品装配成功结束。

### 三、制程质量作业管理的实施单位

生产部检查人员、质量管理部门以及相关责任部门和人员。

### 四、制程质量作业管理的要点

（1）作业人员在生产时必须严格按照作业标准进行作业，每一批作业的第一件产品加工完成后，必须交给有关人员实施首件检查，首件检查合格后，方能继续作业，否则要查找原因，重新操作。

（2）各组组长必须对本组的生产作业实施随机检查，以便随时了解情况。

（3）检察人员要以检查标准为依据进行检查，发现不合格品，要责令有关责任部门进行检修，然后对检修后的产品再进行检查，等到合格后，才能允许有关责任部门继续加工。

（4）质量管理部门应当派遣员工进行巡回抽验，总结分析制程问题，并记录在案，然后将资料回馈给有关部门。

（5）及时处理制程中的作业质量异常，深入追查原因，严令责任部门矫正并做好记录，防止异常再次发生。

（6）检查仪器量规的管理与校正。

## 如何进行产品质量日常检查管理

为了使员工重视质量管理，提高班组的产品质量，降低班组的生产成本，班组长必须加强产品质量的日常检查管理。

产品质量的日常检查管理与班组的工作现场、生产操作、设备维护、质量保管、厂房安全卫生、自检以及外协厂商质量管理检查等因素有关，因此，要想做好产品质量日常检查管理，需要做好以上这些方面的检查管理。

### 一、工作现场检查

工作现场的检查需要各部门主管积极配合执行，执行的频率根据具体情况而定。

（1）最低频率为每个月 1 次。

（2）正常情况下，执行频率为每周 1 次，每次 2~3 人。

（3）新进员工开始时，执行频率相对会高一些，等到他们熟练之后，便依照正常的执行频率。

（4）一些特殊、重大的工作则视情况而定。

### 二、生产操作检查

对班组作业人员日常的生产操作进行监督和检查，一般依照每周 3 次、每次 2 人的频率进行。

### 三、设备维护检查

检查班组日常生产作业中的设备维护情况，一般检查频率为每周 2 次，每次 2~3 台设备。

### 四、质量保管检查

制定质量保管检查表，针对原料、加工品、半成品、成品等进行质量保管情况检查，一般检查频率为每周 1 次。

## 五、厂房安全卫生检查

检查班组日常生产作业中的厂房安全卫生情况，确保安全措施到位，卫生良好，一般检查频率为每周 1 次。

## 六、自主检查

了解作业人员的自主检查情况，一般每 2~3 天对每个检查站进行一次检查，并视情况调整。

## 七、外协厂商质量管理检查

制定外协厂商质量管理检查表，由质量管理部门和有关部门人员，对各协作厂商、原料供应加工厂商等进行不定期的巡回检查。

 **经典案例**

### "质量警示卡"——产品质量"零缺陷"的保障卡

市场竞争愈演愈烈，而某汽车齿轮厂由于产品中的不合格品太多，质量没有得到保障，导致浪费了大量的人力、物力和财力，失去了客户的充分信任，竞争力急剧下降。

为了改善经营，解决质量问题，找回市场和客户，该厂决定严格控制产品质量，用产品质量"零缺陷"来吸引客户。于是，他们在生产的每一个环节都采用了"质量警示卡"来严格控制产品质量。

所谓"零缺陷"，就是指所有的出厂产品必须 100%合格，不允许有任何不良品的出现。为了达到这一目的，该厂在提高人员素质、规范操作、改进加工工艺、加装零缺陷装置等方面做了大量工作，产品质量有了明显提高。

但是由于很多客观原因，如许多车间的生产线没有随线检测设备，车间变速器壳体生产线生产批量大、品种多、工序复杂，仅靠零星的几套零缺陷装置和人的操作，就算再认真，也难以确保交给用户的零件没有一点缺陷。而且从企业的发展趋势来看，由于呈现多品种生产格局，各种市场产品批量小且产量不稳定，大面积配备随线检具不太现实也不够经济，因此必须要有一种简单实用的方法来解决目前存在的问题。

于是，一套全新的管理方法开始酝酿：依靠下一道工序的员工对上一道工序容易产生问题的加工内容进行100%的目检，使一个概率的缺陷发生率通过几道工序检验，成为极小（零）概率，从而实现零缺陷。同时，产品设计部、工程部、质检部、车间等相关部门将每个产品近一年的缺陷情况对照工序进行分析，总结出缺陷的原因，对重点问题进行汇总，列出每道工序需要重点防范的缺陷，然后将缺陷拍成彩照，附上文字说明，制成图文并茂、色彩醒目的"质量警示卡"放置在下道乃至下下道工序上，同时对于缺陷要列举出解决的方案，尽量将产品一次性做好，不犯同样的错误，以期达到找出遗漏缺陷的目的。

果然，"质量警示卡"在全厂受到了很大的欢迎，员工可以十分清楚地了解上道工序可能发生的缺陷，并在本道工序中进行检验，从而在很大程度上避免了缺陷的下传，经过这样一层一层的检验，从而确保了产品质量的提高。

面对市场的竞争压力，汽车齿轮厂采取了制定"质量警示卡"警示员工的这项强有力的措施，它让出厂的产品实现了"零缺陷"，提高了市场和客户对产品的满意度，让企业立于不败之地。

# 第六章　保障作业安全：杜绝隐患，确保作业零事故

## 第一节　防微杜渐，实现设备零故障

### 设备零故障管理的重要性

**一、生产设备的作用**

生产设备，如机床、打包机、计测器、工装夹具、电钻、扳手等，是生产经营的重要工具和手段，是先进技术、先进生产力的载体和工具，是提高生产效率的重要物质手段。

生产设备的作用在于满足某种生产对象的工艺要求，或者是完成某个工程项目的预计功能。"工欲善其事，必先利其器"，要想实现班组生产设备的良好功能，使其在长期、反复的生产使用过程中依然能够基本保持原有实物形态和功能，班组长必须确保生产设备处于零故障状态，对生产设备实施零故障管理。

**二、设备零故障管理的重要性**

设备零故障管理的重要性主要体现在四个方面：

（1）支持班组维护正常的生产秩序。

（2）支持班组有一个安全的生产环境。

（3）提高班组的生产效益。

（4）加快班组技术改造的步伐。

总而言之，班组长重视班组生产设备的改造和设备的零故障管理，可以有效地降低班组的生产安全事故发生率和质量事故的风险，它是企业健康发展的保障之一。

## 设备零故障管理要点

设备零故障管理要注意九大要点：

**一、预防为主**

设备零故障管理应当改变以往以维修为主的传统思想，以预防为主作为指导核心，最大限度地减少事故和设备故障的发生。

**二、全员参与**

设备零故障管理不是班组长个人的责任，也不是纯属于设备维护人员的责任，在整个生产过程中，应当让每一位员工都要参与到设备的维护和保养工作中，使生产人员与设备维护人员融为一体，共同实现设备零故障管理。

**三、规范化管理**

班组长要建立一套统一的标准体系，使班组内的作业人员人人有章可循，实行设备管理的规范化。

**四、分类管理**

根据不同的设备性质和管理要求，对设备实行分类管理，注意安全、有效、合理地放置设备。

**五、集中维护**

对生产设备实行集中维护管理，降低设备故障发生率，减少因经常维修设备而造成的停工现象，减少给企业带来的损失。

**六、定期检修**

对设备进行定期检修，预计设备零部件的使用年限，及时发现设备问题，提出改进措施，使设备始终处于正常运行的状态。

### 七、召开设备研讨会

班组长要定期组织相关技术人员召开设备分析研讨会，让他们分享设备使用信息资料、分析设备故障情况、分析设备检修实施情况以及设备维修费用支出情况等，发挥群策群力的作用，为班组提出更加科学的设备改进对策。

### 八、树立为生产服务的观念

班组长要培养员工的设备保护意识，让员工树立设备为生产服务的观念，全力使设备状态能够保证生产的正常运行，实现人、生产与设备的协调统一。

### 九、提高班组成员的业务素质

现代生产设备受生产技术日益现代化的影响，其自动化程度越来越高，对设备的维修者和使用者的素质要求也越来越高，因此，班组长要对班组员工进行适当的设备使用和检修技能培训，提高他们的业务能力，帮助他们适应新的设备使用和管理要求。

## 制定设备零故障管理程序

### 一、制定设备零故障管理程序的意义

合理的设备零故障管理程序，可以帮助班组长和班组作业人员预防故障发生，或及时进行设备故障分析，有序地研究解决设备故障的方案。因此，制定设备零故障管理程序的意义就在于，它是班组建立安全事故预警机制的基础，是实现设备零故障的前提。

### 二、设备零故障管理的程序

（1）每日由操作人员进行日常设备检查工作。通过例行检查，及时发现设备在操作过程中的细微异常。

（2）组织相关技术人员查找设备故障发生的部位和原因。

（3）通过各种方式，统计并分析设备故障情况。

（4）根据故障设备的特点，以及该设备发生故障的原因、类型等，采取不同的对策加以解决。

（5）制定设备故障检查表，做好设备故障记录。将记录下来的内容，作为班组设备零故障管理的宝贵经验，通过故障资料的积累，学习并掌握故障发生的规律，从而制定出有效的设备整改措施，使设备故障处于预先可控的范围内。

（6）确定班组设备故障管理的核心点。班组长应根据本班组的生产情况，紧抓重点，强化管理。

（7）加强对设备使用人员的技术培训，提高班组成员科学使用设备和处置设备故障的能力。

（8）针对设备故障管理程序，对班组成员进行广泛教育，让他们每个人都清楚设备零故障的管理程序，及时、有效地处理常见的设备故障问题。

## 建立健全设备零故障管理体系

### 一、严格实行标准化管理

标准是无数前人经验的积累与提炼，是班组员工智慧的结晶。按照标准来规范作业人员的作业，可以有效降低设备的故障率。因此，班组长要在班组内部严格实行标准化管理，主要包括工作次序标准化、技术基准规范化、行为动作标准化、时间系列标准化、标志识别标准化、考核管理标准化等。

### 二、加强设备缺陷管理

设备零缺陷管理并不是指保证购进的设备完全没有缺陷，这是不可能的。所谓设备零缺陷管理，其重点在于发现设备的缺陷，并有效地解决设备缺陷问题。

要实现设备零故障管理，班组长和班组作业人员要加强设备维护和管理的责任感，善于发现设备的缺陷，根据发现的具体情况，准确判断设备缺陷的发展趋势，确保在设备缺陷演变成设备故障之前，消除掉设备缺陷。

### 三、制定设备维修策略

要想解决好设备何时修、如何修的问题，通过设备分类来建立与各类设备相对应的动态维修模型，班组长需要制定较为完善的设备维修策略。

良好的设备维修策略应当包含以综合经济效益为中心的多种维修方式，

并以预防性维修为主，以状态维修为辅。

### 四、建立设备运行保障方案

要建立健全设备零故障管理体系，需要建立设备安全、高效运行的保障方案，根据设备的使用周期和现实状况，从不同层次、不同级别对设备进行维护和保障。

建立设备安全、高效运行保障方案，需要做好各方面的点检工作，包括操作人员的日常点检、专业点检人员的定期专业点检、专业技术人员的定期精密点检以及通过专业仪器对设备进行定期的测试和检查等。

### 五、建立零故障管理的班组文化

建立设备零故障管理的班组文化，班组长可以从以下两个方面着手：

1. 创建学习型班组

通过各种学习活动、培训活动，让班组全员认识到设备零故障管理的重要性，培养班组全员爱护设备、按照操作规程行事的良好工作态度和工作习惯。

2. 树立设备管理标杆

班组长以身作则，并定期树立设备管理标杆，让班组成员看到自己学习的榜样，规范自己的作业行为，努力实现自我完善。

## 设备保养的基本步骤

班组生产所使用设备通常都是连续、高速的自动化设备，一旦出现故障停机，便很容易使整个生产流水线无法继续工作，生产停顿造成的损失是巨大的。为了延长设备的使用寿命，提高设备和生产的精准度，减少不良品生产率，降低作业人员的劳动强度，进行设备保养是必要的。

设备保养需要科学规划，分步进行，主要分为三个步骤：设备清扫，问题对策、自主点检。

### 一、设备清扫

1. 设备清扫的重要性

在生产现场，长时间的生产作业会使设备表层甚至是内部被粉尘、油污、异物、碎屑等杂物所依附，这些杂物都是设备运转效率、功能、作业精确度的杀手，如果不加以清理，必然会给生产带来更大的损耗，对产品质量产生不良影响，或者使设备无法再正常运行。

2. 设备清扫的方法

设备清扫，要讲究科学的方法，按照一定顺序进行，提高清扫的效率和效果。

（1）全面认知设备，熟悉设备。

（2）彻底清除设备上的脏污。

（3）点检设备中的关键部位。

（4）发现并排除设备表面和内部的各种隐患。

3. 设备清扫的要点

（1）设备清扫要定期进行。

（2）作业人员在清扫时要注意自身的安全，不要把自己变成安全隐患。

（3）对设备上的多年积垢、各类挡板、护罩、管线等，进行全面彻底的清扫。

（4）不仅要对设备的主体进行全面清扫，还要对辅助设备进行全面清扫，班组生产现场常见的辅助设备包括模具、工装夹具、上下料装置、压缩装置、控制柜、控制元件、动力、压缩装置、液压线路等。

（5）在清扫时，作业人员要特别留意设备的异常情况，做到边清扫、边诊断、边记录。

（6）在必要的时候，需要对设备实施分解清扫。

4. 如何顺利实施清扫活动

实施清扫活动可以根据以下步骤进行：

（1）确定活动的负责人。

实施清扫活动前，需要确定活动的主要负责人，活动的参与者等。

（2）制定清扫实施计划。

由班组长和活动主要负责人制定清扫活动的实施计划，确定清扫对象，区分出重点清扫对象；确定清扫时间，使之与生产时间相协调；明确清扫的工作量；协调活动参与人员的数量；提前准备易损件和设备清扫工具等。

（3）编制清扫作业指导书。

以图示为主，编制清扫作业指导书，指导作业人员的清扫活动。作业指导书的编制要通俗易懂，便于理解和执行。

（4）培训清扫人员。

班组长要组织培训活动，对参与清扫的人员进行培训。让参与人员准确了解设备中各个部分叠位的主要结构和功能，以及各个部位之间的关系，尽量避免全面清扫时对设备造成不必要的破坏。

对作业人员进行清扫培训可以通过图纸、示意图、模型等教具进行，让他们更加全面、直观地熟悉自己所负责的清扫部位，并清楚了解清扫时所要实施的方法。

（5）发现设备隐患。

在清扫过程中，对设备进行点检，发现设备隐患。一般而言，可以通过两种方式发现设备隐患。一种是以设备的初始出厂状态为标杆，将设备的现有状态和初始状态进行对比，从而发现问题；另一种是充分发挥点检人员的五官功能，通过目视、手触、耳听、鼻闻等方式，对设备的表面、发热和振动情况、响声、异味等进行全方位的点检。

（6）做好相关记录。

对整个清扫过程、清扫中发现的异常情况、清扫难点等进行记录，并填写好相关的记录表。

**二、问题对策**

1. 常见问题类型

设备保养中常见的问题主要包含两类：

（1）在清扫过程中容易被忽视或者不易实施清扫的地方，如防护罩上没有预留孔，导致注油困难的部位，面向墙面的仪表等。

（2）在清扫过程中发现的故障隐患，如渗水、漏气、漏油等设备脏污的源头。

2. 解决问题的对策

不同类型的问题需要不同的解决对策，针对设备中容易被忽视或不易实施清扫的问题，班组作业人员应当将重点放在设备的完善上，如适当地在防护罩上开窗口，调整仪表位置等。在实施问题对策的过程中，需要注意以下五个要点：

（1）整理初期清扫的记录，再次确认清扫过程中发现的问题点。

（2）分小组对不同的问题进行攻关，提出解决方案。

（3）采用"5Why"、"8D 报告"等多种有效方式解决问题。

（4）和上级、设备制造厂家以及相关专家进行有效沟通，争取更快、更彻底地将问题解决。

（5）根据改善的结果，调整、优化"清扫作业指导书"，以便指导后续清扫作业。

针对清扫过程中发现的故障隐患问题，班组作业人员可以采取以下两种解决方法：

（1）控制脏污源法。

通过控制脏污的影响范围来解决清扫中常见的隐患问题。例如，通过局部密闭、设置挡板或者使用收集盒等方式，施行预防性措施，缩小脏污的范围。

（2）杜绝脏污源法。

即在确保正常生产的前提下，通过技术改造、修复泄漏部位等方式，对设备进行脏污源杜绝管理，杜绝类似脏污的再次出现。

### 三、自主点检

设备清扫和问题对策两大步骤的实施是为了找出设备存在的隐患，改善设备的状况，而自主点检则是为了全面了解设备的现时状况，实时监控设备的劣化程度。

所谓自主点检，就是指一线班组作业人员以设备初始的良好状态为标杆，在了解了设备的构造、功能之后，对设备的各个功能实施定期点检的活动。

自主点检的范围主要包括设备机械、电气、液压、动力、润滑、气压、控制等方面，点检活动需要结合设备清扫和问题对策两大步骤的工作成果，并且在设备工程师的帮助下进行。

自主点检要讲究周期性，设置点检时间和点检强度时，要充分考虑操作者的工作强度以及班组的生产计划，保证操作者能够有效完成点检作业，保证点检作业对班组的生产计划不会产生影响。

最后，自主点检还要做到责任到人，明确每一位操作人员的点检职责。

## 备件管理的主要任务和内容

### 一、备件管理的主要任务

#### 1. 适时提供合格的备件

让相关作业人员清楚自己的职责，做好备件归类工作，并在设备出现问题时，能够以最快的速度从事先归类整齐的备件中找出相匹配的备件，及时解决设备问题，恢复设备正常的作业功能。

为了让作业人员在寻找备件的过程中不会盲目瞎抓，耽误生产的进度，班组需要建立备件管理制度和备件应急预案制度。这样才能让作业人员更加清楚自己应当如何及时、快速地提供备件。

#### 2. 重点储存供应关键设备的备件

关键设备对班组生产活动以及产品质量等具有关键性的影响，因此，班组长应当以确保关键设备所需的备件储存和供应作为备件管理的重点，让作业人员高度重视，并加强储存和供应关键设备的备件，做到让关键设备的备件随时就位待命。

#### 3. 收集备件信息，建立备件台账

班组长要组织班组作业人员建立备件台账，在购进和储存备件时，对所有备件做好登记造册的工作；在使用了备件之后，还要收集备件使用过程中的质量信息，并向备件的生产企业反馈这些信息，以便备件生产企业能够根据备件的具体情况，对其做进一步的改进和提高。

4. 减少备件对资金量的占用

班组的生产资金量是有限的，因此，备件管理人员在确保备件储存和供应量充足的情况下，需要减少备件对资金量的占用。

要想减少备件对资金量的占用，备件管理人员可以从备件生产、储存、外购等方面着手，做到备件的安全库存，降低成本工作。

**二、备件管理的主要内容**

1. 备件的技术管理

备件的技术管理包含了收集备件资料、设计备件统计卡片、设计备件图纸、备件的工艺编制等诸多方面的内容，它是备件管理的基础。

2. 备件的计划管理

备件的计划管理主要包含了四个方面的计划内容，包括备件日期计划、备件购买计划、备件制造计划以及备件修复计划。所以，备件计划管理实际上是指从备件工艺编制到备件入库这一期间的工作计划。

3. 备件的库房管理

备件的库房管理是指从备件入库、备件检查、备件登记、备件上架、备件保养、备件清洁、备件安全维护到备件出库的整个阶段的备件管理工作。另外，备件用量的统计分析、备件的使用量控制和备件资金占用额等也属于备件库房管理的内容。

4. 备件的经济管理

备件经济管理是指班组将核算管理应用到备件管理的全过程中，对备件所消耗的资金进行核算，以便衡量和检查备件管理的投入与产出情况。

备件的经济管理主要包括入库时备件的库存资金管理、出库备件的账目管理以及备件成本核算等。

# 第二节　杜绝安全隐患，确保生产零事故

## 班组常见的不安全行为

班组常见的不安全行为主要包含以下九个方面：

### 一、劳动保护器具不全

（1）没有戴好安全帽，没有系好安全带。

（2）没有穿相应的安全服装，如接触液态金属时没有穿化纤工作服等。

（3）没有穿工作鞋，如没有穿绝缘鞋就进行电工作业等。

（4）没有戴防护手套，如没有戴绝缘手套就进行电工作业等。

（5）没有戴防护眼镜，如在打击淬火件、金刚等硬质物品，没有戴好防护眼镜等。

（6）误选保护器具或错误使用保护器具等。

### 二、安全措施不到位

（1）高处作业没有设置安全带或安全网。

（2）施工现场没有设置安全警戒线。

（3）有落物危险的高空作业，没有设置安全警戒线，且无人监护。

（4）没有施行有关危险性、有害性的对应措施等。

### 三、作业方法不当

（1）作业程序错误。

（2）机械、装置使用不当。

（3）作业工具使用不当。

（4）技术与动作违反自然等。

### 四、物品放置不当

（1）物体堆放超高、不稳妥、占用安全通道。

（2）机械装置的放法不正确，形成不安全状态。

（3）放置工具、用具、材料时，形成不安全状态等。

### 五、不按规定使用机械装置

（1）机械设备、工具用具等的选用错误。

（2）没按规定方法使用机械设备。

（3）以危险的速度操作机械设备。

（4）使用有缺陷的机械设备等。

### 六、接近危险有害区域

（1）接近或接触正在运转中的机械装置。

（2）接近、接触或走在吊挂货物之下。

（3）擅自进入煤气危险区域，进行煤气动火作业。

（4）接触或倚在崩塌之物上。

（5）立于不安全区域等。

### 七、清扫、修理、检查正在运转中的机械设备

（1）接触加热中的物品。

（2）接触加压中的容器。

（3）接触正在运转中的机械与装置。

（4）接触通电中的电器装置。

（5）接触内装危险物品的装置等。

### 八、安全装置与有害物抑制装置的失效

（1）安全装置等调整错误。

（2）安全装置被拆卸。

（3）各类防护物被拆除等。

### 九、其他不安全行为

（1）以手代替工具进行作业。

（2）超负荷装载货物。

（3）置各种危险于一处。

（4）以投递的方式传递物品。

（5）以不安全物代替规定物。

（6）班前、班中饮酒，酒后上岗、串岗、睡觉。

（7）在禁火区域或作业现场吸烟。

（8）在作业现场胡闹、恶作剧等。

## 识别和预防危险源的方法

识别和预防危险源是班组管理的重要内容，是班组安全作业的保障。快速识别、预防危险源，需要提高班组作业人员的安全意识，需要加强平时的危险源识别和预防训练活动。

班组长可以通过以下方法，有效开展识别和预防危险源训练活动。

### 一、进行现场情景模拟

现场情景模拟的方式主要有两种，一种是图示说明法，另一种是现场实景模拟法。

图示说明法，是指通过照片或漫画等方式对现场作业的某一个动作或某一个场景进行描述的方法。这个方法主要用于展示简单的操作，让作业人员在图片或漫画中了解某些较为简单、常见的识别和预防危险源的方法。

现场实景模拟法，是指通过现场示范人员做实际情景模拟，班组成员形象地了解某一危险情景的全部细节，从而更好地识别和预防危险源。现场实景模拟通常被用于操作较为复杂或用图片无法描述清楚的情况下。

### 二、探寻危险起因

认真识别并找出危险源，然后要对危险的起因进行探寻，了解安全事故背后的真正原因。一般而言，危险的起因主要有三个方面，包括人的因素、设备因素和环境因素。以作业现场的吊重物作业为例，在吊重物作业过程中，较为常见的危险起因或者说危险源主要包括以下五个方面：

（1）在吊重物时，吊钩上没有设防止脱钩档，一旦货物着地后，线缆就会脱开，容易造成人员损伤。

（2）吊升的角度超过60°，给吊缆造成的负荷过重。

（3）操作者在操作的过程中，需要同时做两个动作，加大了作业难度，操作人员很容易按错开关控制键。

（4）吊绳控制手柄的位置不合理，距离重物太近，位置太高。

（5）当吊缆升起、吊绳收紧时，如果作业人员的手处在重物与吊绳之间，就很容易被夹伤。

在这个例子中，我们既可以看到人为操作因素可能带来的危险，也可以看到设备设计不合理和作业现场环境因素可能带来的危险。要想解决这些危险源问题，班组长应当组织班组作业人员召开班组会议，让班组作业人员一起参与到危险源产生原因的分析当中，共同致力于找到解决方案，并将有效的解决方案固化为制度来贯彻执行。

总之，无论是人的因素、设备因素还是环境因素，都外延着诸多更为隐蔽的细节性原因，因此，现场安全管理应当从班组的日常工作中的点点滴滴抓起，注重方方面面的管理问题。

## 做好班组安全检查

班组安全生产，关系到企业的经济发展，企业为了促进班组安全建设，大多会督促班组重视安全检查工作。班组安全检查工作，要有一种正确的指导思想，要切实做到对企业负责、对班组全体员工的生命负责。

**一、班组安全检查的类型**

班组安全检查常见的类型主要有四种：

1. 常规检查

常规检查属于普遍性、经常性的检查，它包括班组经常组织的自查活动，企业、车间的安全主管部门定期或不定期组织的抽查、全面检查等。

常规检查的目的在于对班组的安全技术、安全管理、职业危害等情况进行常规性的检查，保证班组的安全作业。

常规检查通常以安全管理人员作为检查工作的主体，现场作业人员、生产设备设施以及现场作业环境等都是检查的对象。在进行检查时，安全作业人员需要携带一定的简单工具、仪表等，对人员、设备、环境进行定性检查。

## 2. 专业性检查

专业性检查具有明显的针对性，它是针对某项特殊的作业、设备或作业场所，所进行的安全检查，如爆炸物品检查、有毒有害物品检查等。专业性检查对安全检查人员的技术性要求比较高。

## 3. 季节性检查

季节性检查，顾名思义，它是依据季节性特点所进行的安全检查，目的在于防止特定季节常见的突发事故。例如，春夏雨季前重点放在防洪检查上，而秋冬气候较为干燥，重点应放在防火检查上。

## 4. 临时检查

根据当前的工作需要，所组织的临时性检查，如在节假日内，为保障企业的安全，防止因员工休假等因素造成精力分散，引起事故，因此组织此类检查；有的是针对近期煤矿、交通的特大事故频繁，所组织的安全检查。

### 二、班组安全检查的主要内容

发现班组生产作业中人、物的不安全状态、不安全行为，以及潜在的职业危害等，并加以整改，是班组安全检查的重要工作内容。

班组安全检查的主要内容包括：

## 1. 检查员工在作业中是否遵守安全生产制度

检查班组员工是否严格遵守了安全生产制度，是否掌握了安全操作技能和自觉遵守安全技术操作规程；在作业中，是否正确、合格地穿戴和使用个人防护用品、用具。

## 2. 检查作业现场是否存在物的不安全状态

（1）检查作业现场的设备安全防护装置是否良好。

1）设备上的保险装置。

2）指示报警装置。

3）联锁装置。

4）防护栏网。

5）防护罩。

6）接地接零。

（2）检查生产作业场所和施工现场有哪些不安全因素。

1）安全出口。

2）登高扶梯。

3）平台是否符合安全标准。

4）产品的堆放。

5）工具的摆放。

6）设备的安全距离。

7）操作者安全活动范围。

8）电气线路的走向和距离。

（3）检查工具、附件、设备、设施是否有缺陷。

1）制动装置。

2）安全间距。

3）机械强度。

4）电气线路。

5）超重吊具与绳索。

6）其他设备。

（4）检查特殊物品和设施。

1）易燃易爆物品。

2）剧毒物品。

3）通风。

4）照明。

5）防火。

3. 检查员工在生产过程中是否存在不安全行为和不安全的操作

（1）检查作业人员有无忽视安全技术操作规程的现象或违章现象。

1）操作无依据。

2）没有安全指令。

3）人为的损坏安全装置，或弃之不用。

4）冒险进入危险场所。

5）对运转中的机械装置进行注油、检查、修理、焊接和清扫等。

（2）检查作业人员有无违反劳动纪律的现象。

1）在作业场所工作时间开玩笑。

2）打闹。

3）精神不集中。

4）脱岗。

5）睡岗。

6）串岗。

7）滥用机械设备或车辆等。

（3）检查作业人员在日常生产中有无操作、处理失误的现象。

1）在运输、起重、修理等作业时信号不清。

2）警报不鸣。

3）对重物、高温、高压、易燃、易爆物品等做了错误处理。

4）使用了有缺陷的工具、器具、起重设备、车辆等。

（4）检查个人劳动防护用品的穿戴和使用情况。

1）防护服。

2）防护帽。

3）防护鞋。

4）防护面具。

5）防护眼镜。

6）防护手套。

7）防护口罩。

8）安全带。

9）绝缘防护用品等。

（5）及时发现并积极推广安全生产先进经验。

安全生产检查不仅要查出所存在的问题，消除隐患，而且还要发现安全生产的好典型，并进行宣传、推广，掀起学习安全生产经验的热潮，进一步推动班组的安全生产工作。

## 经常开展班组安全教育

### 一、班组安全教育的内容

1. 介绍本班组存在的危险因素

介绍本班组生产特点、作业环境、危险区域、设备状况、消防情况等，重点介绍高温、高压、易燃易爆、有毒有害、腐蚀、高空作业等可能导致事故发生的危险因素，交代本班组容易出事故的部位和典型事故案例。

2. 讲解具体工种、岗位的安全操作规范

由专人负责讲解具体工种、岗位的安全操作规程和岗位责任。在讲解过程中，要重点强调安全意识，让班组员工重视安全生产，自觉遵守安全操作规程，做到不违章作业，爱护并正确使用设备和工具。具体介绍各种安全活动以及作业环境和交接班制度，一旦出了事故或发现事故隐患，应及时报告领导采取措施。

3. 讲解安全用具的使用方法

详细讲解如何正确使用、爱护安全用品，如在机床转动时，不准戴手套操作；女工进入车间时，必须戴安全帽；作业人员进入施工现场或进行登高作业时，必须戴好安全帽、系好安全带；工作场地要保持道路畅通；物件堆放要整齐有序等。

4. 实行安全操作示范

组织技术熟练、富有经验的老员工，对班组作业人员进行安全操作示范，重点讲解安全操作要领，说明操作不当的危害等。

### 二、如何开展班组安全教育

1. 制定安全教育目标

为员工制定具体的安全教育目标和职责，让员工重视安全问题，在作业过程中进行安全操作。

2. 开展安全培训课程

通过开展安全培训课程，讲授规章制度、常见安全问题、安全防范措施、进行安全操作示范等。

**3. 通过老员工带新员工**

为新员工提供一名师傅，师傅应能承担一对一的培训，保证以可靠和正确的方式，将标准的时间方法和程序，合格的操作方法及全面的安全知识传授给新员工。

**4. 安全演练**

通过定期开展安全演练活动，让员工熟练掌握安全事故处理办法以及重大安全事故中的逃生技巧。

## 使用安全保护用具的要求

安全保护用具是指为保护劳动者在生产过程中的人身安全而设置的一种预防性装备，它对于保护劳动者的人身安全和身体健康具有重要的辅助作用。

班组长应当根据国家的有关规定，以及企业的相关要求，做好劳动保护用具的购进、管理和使用工作，严格督促每一位作业人员正确使用必要的安全保护用具进行作业。

常见的安全保护用具及其使用要求主要包括：

**一、安全服**

根据特定情况而使用的安全服，如防寒服、防酸服、防油服、防水服、紧身工作棉衣等。

班组作业人员使用防护服的要求主要包括：

（1）在进行相关作业时，必须穿着相应的防护服。

（2）在操作转动机械时，必须将袖口扎紧。

（3）使用防护服前必须检查确认防护服没有被损坏等。

（4）一般而言，焊工的工作服应为白色帆布制作的。

**二、安全帽**

安全帽由帽壳、帽衬、下颚带及其他附件组成，主要用于减轻高空坠落物或其他伤害物对人体头部的伤害。

安全帽的使用具有以下八点要求：

（1）作业人员在戴安全帽前，必须按照自己的头型对安全帽后面的调整带进行调整，使之达到适合的位置，然后将帽内弹性带系牢。

（2）安全帽的下颌带必须扣在颌下并系牢，松紧要适度。

（3）安全帽要戴整齐，不要把帽檐戴在脑后方，否则很难起到缓冲重物冲击的防护作用。

（4）不要为了通风而在安全帽体顶部进行额外开孔。

（5）要定期检查安全帽的情况，看是否存在龟裂、下凹、裂痕和磨损等情况，如果发现异常现象，就要立即更换安全帽。

（6）严禁使用帽内无缓冲层的安全帽。

（7）在作业现场不得将安全帽脱下，搁置一旁，或当坐垫使用。

（8）平时使用安全帽时，必须保持安全帽的整洁，避免安全帽接触火源，或者用油漆任意涂刷等。

### 三、安全鞋

安全鞋的种类比较多，根据防砸、防滑、防静电、防刺、绝缘、耐高温、耐油、耐磨、耐弱酸弱碱等要求区分，主要包括防静电胶底鞋、胶面防砸安全鞋、绝缘皮鞋、低压绝缘胶鞋、耐酸碱皮鞋、耐酸碱胶靴、耐酸碱塑料模压靴、高温防护鞋、防刺穿鞋、焊接防护鞋等。

安全鞋的使用主要有以下两点要求：

（1）必须在规定的安全值内使用，如绝缘鞋，在规定的电压范围内使用。

（2）定期对安全鞋进行预防性试验，一般每半年一次，保证安全鞋无破损等。

### 四、防护眼镜

戴防护眼镜主要是为了保护眼睛免受伤害。防护眼镜的种类有很多，如防冲击眼镜、防尘眼镜、防光辐射眼镜和防化学眼镜等。

防护眼镜的使用需要注意：

（1）根据不同的防护对象，班组作业人员需要选用不同的防护眼镜。

（2）使用前注意检查防护眼镜是否破损。

（3）防灰尘、烟雾及各种有轻微毒性或刺激性较弱的有毒气体的防护镜，必须密封、遮边无通风孔，与面部紧密接触等。

### 五、安全带

安全带主要由带子、绳子和金属配件组成，它是在人体坠落时抓住人体并限制其下落的安全装置。

安全带的使用要求包括：

（1）根据国家安全标准规定，凡在坠落高度基准面 2 米以上（含 2 米）、有可能坠落的高处进行的作业均称为高处作业，高处作业必须系安全带。

（2）安全带是"救命带"，班组作业人员必须在思想上重视安全带的作用。

（3）使用安全带前，必须对安全带的绳带、卡环以及卡簧弹跳性等进行检查，查看绳子、带子有无变质，卡环是否有裂缝，卡簧的弹跳性是否良好等。

（4）如果在高处作业时，没有固定安全带的地方，就要采用适当强度的钢丝绳或采取其他方法对安全带进行固定，禁止把安全带挂在移动、带尖锐棱角或不牢固的物件上。

（5）安全带必须被挂在牢固的物体上，防止摆动或碰撞，安全带的绳子不能打结，钩子要挂在连接环上。

（6）保护好安全带的保护套，防止安全带的绳子被磨损。

（7）严禁擅自将安全带接长使用，严禁擅自拆装安全带的零部件，如果使用 3 米以上的长绳，必须要加缓冲器。

（8）没有使用时，要对安全带进行妥善保管，避免让安全带接触到高温、明火、强酸、强碱或尖锐物体，不要存放在潮湿的仓库中保管。

（9）要严格遵循高挂低用的原则，这是一种比较安全合理的科学系挂方法。

（10）必须定期对安全带进行检查，一般为两年抽验一次。对于使用比较频繁的安全带，应当经常检查其外观，如果发现异常，必须立即更换。

### 六、安全手套

现场作业人员大部分作业都是通过双手操作完成的，因此，对双手的防护尤为重要。

安全防护手套一般包括绝缘手套、防酸手套、耐碱手套、橡胶耐油手套、焊工手套等。

安全防护手套使用时，应当注意：

（1）针对不同情况，使用相应的安全防护手套。

（2）使用大小合适的手套，方便双手操作。

（3）从事精细调节作业的作业人员，严格禁止使用防护手套，以免手套被机械夹住产生危险。

（4）定期检查、合理存放安全防护手套等。

## 如何处理工伤事故

工伤事故是指员工在生产过程中受到意外伤害而造成的伤亡事故，或者是员工并未在生产岗位上，但由于企业的机械设备、卫生设施等劳动条件不良，而造成的伤亡事故等。

预防和处理工伤事故是班组长的重要工作内容之一。班组内工伤事故发生的频率，一般与班组长的安全意识和责任心有很大关系，因此，如何正确、高效地处理工伤事故，降低工伤事故的发生频率，班组长承担着重要的责任。

**一、工伤事故的分类**

一般而言，工伤事故主要被分为以下 12 类：

1. 机械伤害

机械伤害是班组现场生产作业中较为常见的一种伤害，它是指由于机械设备不良、机械设备转运部分缺乏防护装置，或者是对机械设备的操作失误等，给作业人员造成的绞、撞、辗、切、压、戳、跌等伤害。

2. 温度伤害

温度伤害主要是指由于接触高温或低寒物，而给作业人员造成的灼烫伤或冻伤等。

3. 火焰伤害

火焰伤害是指各种火灾对作业人员的人体或生命造成的伤害。

4. 电伤害

作业现场的电伤害主要是由各种高压电所引起的，作业人员若不慎接触了不良的电装置，或者由于操作不当而引起电击伤或电灼伤等，都会对其自身造成电伤害。

5. 车辆伤害

车辆伤害主要包括车辆的挤、压、撞、倾覆等对作业人员的人体和生命所造成的伤害。

6. 化学伤害

化学伤害是指由于接触或溅上酸、碱等化学物质而引起的化学灼伤等。

7. 中毒或窒息伤害

中毒或窒息主要是由煤气、油气、沥青、化学物质、一氧化碳中毒等伤害引起的。

8. 爆炸伤害

爆炸伤害主要包括瓦斯、化学物质、火药、锅炉、容器等所引起的爆炸伤害。

9. 物体打击伤害

常见的物体打击伤害主要包括落物、滚石、锤击、崩块、碎裂等造成的伤害，它与因爆炸而引起的物体打击不同。

10. 高处坠落伤害

比如从架子、屋顶以及从平地坠入坑内等所造成的损伤都属于高处坠落伤害。

11. 起重伤害

起重伤害主要是指起重设备在操作过程中所引起的伤害。

12. 其他伤害

除了上述所列的伤害以外的其他原因所引起的人体损伤或生命伤害等。

**二、工伤事故处理的步骤**

当班组发生事故时，班组长需要根据以下步骤做好工伤事故的处理工作。

（1）保护事故的发生现场，避免作业人员破坏事故现场，以便根据事故现场的情况采取解决措施，并在后续工作中追究相关人员的责任。

（2）防止事故扩大。班组长要采取有效的应对措施，稳定班组员工的心，做好其他工序的防范工作，防止事故扩大。

（3）认真搜集事故的有关原始资料，并召开事故分析会，商讨解决事故的最佳方案，并贯彻落实最佳方案。

（4）查明事故发生原因，根据具体情况，追究相关人员的责任。

（5）对当事人进行帮助和教育，对全体作业人员进行安全教育。

**三、工伤事故的伤害分析**

工伤事故所造成的伤害主要是对人体各个部位的伤害，包括颅脑、颅骨、面颌部、眼部、颈部、胸部、腹部、腰部、上肢、下肢、前臂、腕、指、小腿、踝部、趾等。

对工伤事故所造成的伤害进行分析、归类时，需要遵循以下原则：

1. 以受伤时的身体情况为主

工伤事故的分析和归类需要以受伤者受伤时的身体情况为主，结合愈后可能产生的后遗障碍进行全面分析和确定。

2. 按最严重的伤害进行分类

如果受伤者多处受伤，应当按照最严重的伤害对其事故伤害进行分类，如果实在无法确定，则应鉴定为"多伤害"。

3. 根据起因物进行分析、归类

根据工伤事故的起因物对工伤事故的伤害进行分析、归类，常见的起因物主要包括锅炉、电气设备、起重机械、车辆、化学品、可燃性气体、粉尘等。

4. 根据致害物进行分析、归类

根据直接引起伤害中毒的各种物体或物质，对受伤者的事故伤害进行分析、归类。常见的致害物主要包括煤、沥青、原木、放射性物质、电气设备、锅炉、酸、碱等。

5. 根据伤害方式进行分析

根据致害物与人体发生接触的方式，如致害物砸、撞、坠落、坍塌、灼伤、爆炸、中毒、触电、倾覆等情况，对伤害方式进行分析。

# 第三节　保护劳动者，消除职业病危害

## 职业病的种类

所谓职业病，是指班组员工在作业中，因接触放射性物质、粉尘以及其他有毒、有害物质等因素，而引起的疾病。我国把职业病分为 10 大类 115 项病种。由于职业病危害因素的种类很多，导致职业病的范围很广。

班组作业中常见的职业病种类和病种包括：

### 一、尘肺

（1）矽肺。

（2）铝尘肺。

（3）煤工尘肺。

（4）电焊工尘肺。

（5）滑石尘肺。

（6）水泥尘肺。

（7）石墨尘肺。

（8）云母尘肺。

（9）陶工尘肺。

（10）炭黑尘肺。

（11）石棉肺。

（12）铸工尘肺。

### 二、职业性放射性疾病

（1）放射性肿瘤。

（2）放射性骨损伤。

（3）放射性甲状腺疾病。

（4）放射性性腺疾病。

（5）放射复合伤。

（6）外照射急性放射病。

（7）外照射亚急性放射病。

（8）外照射慢性放射病。

（9）内照射放射病。

（10）放射性皮肤疾病。

### 三、职业中毒

（1）二硫化碳中毒。

（2）硫化氢中毒。

（3）磷化氢、磷化锌、磷化铝中毒。

（4）氟中毒。

（5）氰及腈类化合物中毒。

（6）四乙基铅中毒。

（7）有机锡中毒。

（8）羰基镍中毒。

（9）苯中毒。

（10）甲苯中毒。

（11）二甲苯中毒。

（12）铍中毒。

（13）铊及其化合物中毒。

（14）钡及其化合物中毒。

（15）钒及其化合物中毒。

（16）铅及其化合物中毒。

(17) 汞及其化合物中毒。

(18) 锰及其化合物中毒。

(19) 镉及其化合物中毒。

(20) 磷及其化合物中毒。

(21) 砷及其化合物中毒。

(22) 二氯乙烷中毒。

(23) 一氧化碳中毒。

(24) 四氯化碳中毒。

(25) 氯乙烯中毒。

(26) 三氯乙烯中毒。

(27) 氯丙烯中毒。

(28) 氯丁二烯中毒。

(29) 铀中毒。

(30) 砷化氢中毒。

(31) 氯气中毒。

(32) 二氧化硫中毒。

(33) 甲醛中毒。

(34) 硫酸二甲酯中毒。

(35) 丙烯酰胺中毒。

(36) 二甲基甲酰胺中毒。

(37) 有机磷农药中毒。

(38) 氨基甲酸酯类农药中毒。

(39) 杀虫脒中毒。

(40) 溴甲烷中毒。

(41) 光气中毒。

(42) 氨中毒。

(43) 偏二甲基肼中毒。

(44) 氮氧化合物中毒。

（45）正己烷中毒。

（46）汽油中毒。

（47）一甲胺中毒。

（48）有机氟聚合物单体及其热裂解物中毒。

（49）苯的氨基及硝基化合物中毒。

（50）三硝基甲苯中毒。

（51）甲醇中毒。

（52）酚中毒。

（53）五氯酚中毒。

（54）拟除虫菊酯类农药中毒。

（55）职业性中毒性肝病。

（56）职业性急性中毒。

## 四、物理因素所致职业病

（1）高原病。

（2）航空病。

（3）中暑。

（4）减压病。

（5）接触性皮炎。

（6）光敏性皮炎。

（7）电光性皮炎。

（8）黑变病。

（9）痤疮。

（10）溃疡。

（11）手臂振动病。

## 五、生物因素所致职业病

（1）炭疽。

（2）森林脑炎。

（3）布氏杆菌病。

（4）职业性皮肤病。

（5）化学性皮肤灼伤。

（6）其他职业性皮肤病。

（7）职业性眼病。

（8）化学性眼部灼伤。

（9）电光性眼炎。

（10）职业性白内障。

### 六、职业性耳鼻喉口腔疾病

（1）噪声聋。

（2）铬鼻病。

（3）牙酸蚀病。

### 七、职业性肿瘤

（1）焦炉工人肺癌。

（2）铬酸盐制造业工人肺癌。

（3）石棉所致肺癌、间皮瘤。

（4）联苯胺所致膀胱癌。

（5）苯所致白血病。

（6）氯甲醚所致肺癌。

（7）砷所致肺癌、皮肤癌。

（8）氯乙烯所致肝血管肉瘤。

### 八、其他职业病

（1）棉尘病。

（2）煤矿井下工人滑囊炎。

（3）金属烟热。

（4）职业性哮喘。

（5）职业性变态反应性肺泡炎。

## 职业危害因素的主要种类

职业病危害因素主要包括三大类：生产过程中的有害因素、劳动过程中的有害因素以及生产环境中的有害因素。

**一、生产过程中的有害因素**

班组生产过程中，根据生产的需要，班组作业人员需要接触各种化学品、物理伤害以及生物危害等。因此，生产过程中的有害因素主要包括化学因素、物理因素和生物因素。

1. 化学因素

生产过程中造成职业病危害的化学因素主要包括：

（1）各种有毒物质。

例如，氰化钾、砷化氢铅、汞、苯、氯、一氧化碳、硫化氢、有机磷农药等。

（2）各种生产性粉尘。

例如，硅尘、石棉尘、煤尘、有机粉尘等。

2. 物理因素

生产过程中造成职业病危害的物理因素主要包括高温、高压、低温、低压、低湿、振动、噪声、激光、紫外线、微波、光辐射、X射线等。

3. 生物因素

生产过程中造成职业病危害的生物因素主要包括附着在皮毛上的炭疽杆菌、寄生在林木树皮上壁虱等。

**二、劳动过程中的有害因素**

常见的劳动过程中造成职业病的有害因素包括：

（1）劳动者精神高度紧张。

（2）劳动者身体上的个别部位、器官过度紧张，例如视力疲劳、听力疲劳等。

（3）工作量和生产定额制定不科学，劳动者的身体状况无法与之相适应。

### 三、生产环境中的有害因素

常见的生产环境造成职业病的有害因素包括：

（1）过于强烈的太阳辐射等自然因素造成人体伤害。

（2）不合理的生产流程导致的环境污染，从而对作业者的身体造成了伤害。

（3）厂房建筑或器具布局不合理，没有区域规划，混合起来容易产生毒性的物品被放置到一起，或者将有毒性生产与无毒性生产安排在同一个区域进行等。

## 职业病的预防管理

为了控制和消除职业病的危害，班组应当关注员工的预防职业病管理，保护员工的身体健康，保障员工的相关权益。

有效的职业病预防管理工作需要做到以下四点：

### 一、落实职业病预防的组织制度管理

（1）制定班组员工职业病防治计划和实施方案。

（2）建立、健全合理规范的卫生管理制度和操作规程。

（3）配置相关的卫生专业人员，负责班组的职业病防治工作。

### 二、根据职业病类型采取相应的预防管理措施

职业病的预防管理需要从产生职业病的各种危害因素着手，根据职业病的不同种类，采取不同的预防管理措施。

#### 1. 劳动疾患的预防措施

劳动疾病通常是由于作业人员的作业手法不规范、职业技能不足或作业环境不良所引起的。预防劳动疾患可以从以下三个方面着手：

（1）改变不良的工作体位。

通过让班组作业人员每隔一段时间做头颈部运动、定时远视、工间操等方式，纠正他们不正确的工作体位，预防和减轻疾病的发生、发展与复发。

（2）加强职业技能训练。

加强班组作业人员的作业技能训练，让班组作业人员掌握作业规律和科

学作业方法，避免因作业不当而产生职业病。

（3）改善作业环境。

作业人员出现器官疲劳，如眼疲劳、听力疲劳等情况，主要是由于班组内的作业环境不良所引起的，如生产现场的光线过于明亮或过于灰暗，照明源放置角度不合理等。

2. 噪声源的预防管理措施

噪声主要来源于班组生产现场的器械设备、部件摩擦所产生的声响。控制和消除噪声源，是防止噪声危害的根本性措施。班组长可以通过提高机器的精密度，减少部件之间的摩擦、振动和撞击力等方式，对噪声源进行控制；也可以通过隔离高噪声区和低噪声区的防止，减少噪声的危害。

3. 噪声危害的预防措施

噪声危害的预防措施重点在于控制噪声的传播。控制噪声传播可以采用消声、隔声、隔振等措施。

（1）消声法。

消声是指利用消声器等方式，阻止声音传播但允许气流通过，它是防止空气动力性噪声的主要方法。

（2）隔声法。

隔声是指在某些工作环境下，通过借助一定的材料和装置，使噪声源同周围环境隔绝开来。隔声法的实施，可以借助隔声罩和隔声间等进行。

（3）隔振法。

隔振法是指利用胶垫、沥青等减振装置，将之设在机器的基础和地板、墙壁的联结处，以防止噪声通过地板和墙壁等固体材料进行振动传播。

（4）卫生保健法。

通过个人防护用品，如耳塞等，减轻特殊条件下作业时产生的高噪声对人体的影响。另外，还要适当安排接触噪声的工人进行休息，并定期检查他们的听力情况，观察他们的听力变化，以便及早发现作业人员的听力损伤问题，及时采取适当保护措施。

4. 粉尘危害的预防措施

预防粉尘危害，劳动者需注意以下三点：

（1）保持良好的个人卫生习惯。

防治粉尘危害，班组作业人员需要从自身做起，保持良好的个人卫生习惯，做到不吸烟，遵守防尘操作规范。

（2）正确使用防护器具。

如果作业现场的粉尘浓度过高，作业人员应佩戴合适的防尘口罩或防尘面具，并正确使用这些防护器具。

（3）定期检查。

定期对班组作业人员进行体检，争取早发现、早治疗各种职业疾。对于不适合在粉尘环境下工作的作业人员，应帮助他们及时调离岗位。

5. 职业中毒的预防措施

（1）做好个人防护。

通过各种防护工具，如防护服、防毒口罩、防护手套、安全帽、防毒面具、防护眼镜、安全带等做好班组作业人员的防护工作。作业人员还要保持良好的个人卫生习惯。

（2）增强作业人员的体质。

班组长可以因地制宜地组织班组成员进行体育锻炼，开展有益身心的业余活动，如慢跑、游泳、趣味运动赛等，增强班组成员的身体素质。

另外，在饮食上也要注重营养搭配，并做好季节性多发病的预防工作。

（3）降低毒物浓度。

对作业中可能接触到的各种毒物，在保证作业质量的前提下，采用适当的方法降低毒物浓度。常见的降低毒物浓度的方法主要包括：

1）进行工艺改革。

通过工艺改革，尽量使用无毒或低毒物质代替有毒物质，如用静电喷漆代替人工喷漆等。

2）注意通风排毒。

在作业现场做好通风排毒工作，如将有毒物质收集起来，然后进行净化处理。常见的收集有毒物质的器具包括排气罩、通风柜、槽边吸气罩等。

3）合理布局生产。

班组长要合理布局班组的生产作业，隔离有害物质，将有毒工序与无毒工序分开设立在不同区域进行管理。

班组的生产布局既要满足生产流程优化的需要，也要符合职业卫生的要求。

4）进行安全管理。

班组长在日常工作中要加强对生产设备的维护和管理，防止有毒物体跑、冒、滴、漏，污染环境，伤及人员。

6. 高温作业的保健措施

在高温作业前，班组长应当组织班组员工做好中暑、烫伤等预防准备工作。例如，要求高温作业人员穿透气性好、导热系数小的工作服；要求作业人员佩戴好防热面罩、手套等个人防护用品；提供大量的清凉含盐饮料，以补充作业人员因大量出汗而造成的水分和盐分流失；提供各种烫伤药等，进行急救准备。

**三、对职业病危害设备和因素等作警示说明**

对于作业现场具有职业病危害的设备，要在设备的醒目位置设置警示标识、警示说明；对于可能产生职业病危害的化学品、放射性同位素、含有放射性物质的材料等，要提供中文说明，供作业人员了解、学习；规定有毒性物质的放置位置，并做好标识和警示。

**四、定期进行职业卫生知识培训**

班组长要对班组作业人员进行定期的职业卫生知识培训，遵守职业病防治法律法规，普及职业卫生知识，指导员工正确使用各种职业病防护用品。

## 职业病危害事故应急救援预案范本

危险和事故的发生是不可避免的，却又是可以预防的。要做好职业病危害事故的预防和管理，保证事故发生时应急救援系统能够正常运行，班组长必须事先制定一套事故应急预案，以计划指导应急准备、训练以及演习。尽量采取迅速高效的应急行动，将事故的危害和损失度降到最低。

职业病危害事故的应急救援预案范本如下：

## 一、基本情况

1. 主要内容

（1）单位的经济性质。

（2）单位的地址。

（3）从业人数。

（4）单位隶属关系。

（5）主要产品。

（6）产量。

2. 主要情况

（1）重要基础设施情况。

（2）周边区域的单位情况。

（3）社区情况。

（4）道路情况。

（5）危险化学品运输单位运输车辆情况。

（6）运输产品情况。

（7）车辆的运量情况。

（8）车辆的运地情况。

（9）车辆的行车路线情况。

## 二、危险目标及其危险特性、对周围的影响

1. 危险目标的确定

可选择对以下材料辨识事故类别、综合分析事故的危害程度，确定危险目标。

（1）重大危险源辨识结果。

（2）生产、储存、使用危险化学品装置、设施现状的安全评价报告。

（3）健康、安全、环境管理体系文件。

（4）职业安全健康管理体系文件。

（5）其他。

2.根据确定的危险目标，明确其危险特性及对周边的影响

3.了解危险目标周围可利用的设备、器材及其分布，如安全、消防、个体防护等设备、器材及分布情况

4.应急救援组织机构、组成人员和职责划分

（1）应急救援组织机构设置。

依据危险化学品事故危害程度的级别，设置分级应急救援组织机构。

（2）组成人员。

1）主要负责人及有关管理人员。

2）救援实施人员。

3）现场指挥者。

（3）主要职责。

1）组织制定危险化学品事故应急救援预案。

2）协调事故现场有关工作。

3）确定现场指挥人员。

4）负责人员、资源配置、应急队伍的调动。

5）组织应急预案的演练。

6）明确事故状态下各级人员的职责。

7）危险化学品事故信息的上报工作。

8）负责保护事故现场及相关数据。

9）批准本预案的启动与终止。

5.报警、通信等联络方式

（1）24小时有效的内部、外部通信联络手段。

（2）24小时有效的报警装置。

（3）运输危险化学品的驾驶员、押运员报警方法。

6.事故发生后应采取的处理措施

（1）根据工艺规程、操作规程的技术要求，确定采取的紧急处理措施。

（2）根据安全运输卡提供的应急措施，及与本单位、生产厂家、托运方

联系后获得的信息而采取的应急措施。

7. 人员紧急疏散、撤离

（1）事故现场对人员的清点、撤离的方式、方法。

（2）周边区域的单位、社区人员疏散的方式、方法。

（3）非事故现场人员紧急疏散的方式、方法。

（4）抢救人员在撤离前、撤离后的报告。

8. 危险区的隔离

（1）事故现场隔离方法。

（2）事故现场隔离区的划定方式、方法。

（3）危险区的设定。

（4）事故现场周边区域的道路隔离或交通疏导办法。

9. 检测、抢险、救援及控制措施

（1）应急救援队伍的调度。

（2）抢险、救援方式、方法及人员的防护、监护措施。

（3）控制事故扩大的措施。

（4）检测的方式、方法及检测人员防护、监护措施。

（5）现场实时监测及异常情况下，抢险人员的撤离条件、方法。

（6）事故可能扩大后的应急措施。

10. 受伤人员现场救护、救治与医院救治

（1）入院前和医院救治机构确定及处置方案。

（2）接触人群检伤分类方案及执行人员。

（3）依据检伤结果对患者进行分类现场紧急抢救方案。

（4）患者治疗方案。

（5）患者转运及转运中的救治方案。

11. 现场保护与现场清洗工作

（1）明确事故现场清洗工作的负责人和专业队伍。

（2）事故现场的保护措施。

12. 应急救援保障

（1）内部保障。

1）确定应急队伍。

2）消防。

3）现场救护。

4）医疗。

5）治安。

6）通信。

7）交通管理。

8）供应。

9）运输。

10）后勤。

（2）消防设施配置图。

1）现场平面布置图。

2）周围地区图。

3）工艺流程图。

4）危险化学品安全技术说明书。

5）气象资料。

6）互救信息。

13. 应急电源、照明的准备

14. 应急通信系统的完好

15. 应急救援装备、物资、药品等的齐备

**三、危险化学品运输车辆的消防设备、器材、安全及人员防护装备**

保障管理规范目录。

（1）值班管理规范。

（2）培训管理规范。

（3）责任制。

（4）危险化学品运输单位检查运输车辆实际运行管理规范。

1）行驶时间。

2）路线。

3）停车地点。

4）其他车辆运行管理规范。

（5）检查方面。

1）应急救援装备。

2）物资。

3）药品。

4）其他。

（6）维护管理规范方面。

1）危险化学品运输车辆的安全。

2）消防设备。

3）器材。

4）人员防护装备检查。

5）人员防护装备的维护。

（7）安全运输卡管理规范。

1）填写安全运输卡。

2）危害性和注意事项。

3）运输的危险化学品性质。

4）应急措施。

5）本单位、生产厂家、托运方应急联系电话。

6）其他。

一张卡片记载一种危险化学品，在每次运输前，运输单位向驾驶员、押运员告之安全运输卡上的内容，并将安全卡交驾驶员、押运员各一份。

（8）演练管理规范。

（9）外部救援规范。

依据对外部应急救援能力的分析结果，确定以下内容：

1）请求政府协调应急救援力量。

2）单位互助的方式。

3）应急救援信息咨询。

## 四、预案分级响应条件

依据危险化学品事故危害程度级别、类别以及从业人员的评估结果、可能发生的事故现场情况分析结果等，设定预案的启动条件。

## 五、事故应急救援终止程序

事故应急救援终止程序主要包括以下内容：

（1）通知本单位相关部门、周边社区及人员事故危险已解除。

（2）确定事故应急救援工作已结束。

## 六、应急培训计划

应急培训计划包括：

（1）员工应急响应的培训。

（2）应急救援人员的培训。

（3）社区或周边人员应急响应知识的宣传。

## 七、演练计划

演练计划主要包括：

（1）演练组织。

（2）演练范围与次数。

（3）准备演练。

## 八、附件

其他附件主要包括：

（1）应急值班联系电话。

（2）组织应急救援有关人员联系电话。

（3）应急组织机构名单。

（4）政府有关部门联系电话。

（5）危险化学品生产单位应急咨询服务电话。

（6）外部救援单位联系电话。

（7）消防设施配置图。

（8）周边区域道路交通示意图和疏散路线。

（9）供水、供电单位的联系方式。

（10）周边区域的单位、社区、重要基础设施分布图。

（11）交通管制示意图。

（12）组织相关人员定期检查应急救援设施，做好检查记录，保证救援设施的正常运行。

（13）定期演练职业病危害事故应急救援预案，并做好演练记录。

## 九、绩效检查

绩效检查包括：

（1）定期检查职业病危害事故应急救援预案执行情况，查看职业病危害事故应急救援设施运行情况，以及各部门职业病危害事故应急救援设施检查记录，并进行评审。

（2）定期对预案进行审核，如果发现问题，应立即进行整改。

 **经典案例**

### 关怀特殊岗位工作的员工

老赵在冷冻班长这个岗位上已经干了 5 年，一直以高标准严格地要求自己和班组员工。他带领的班组，多年来从未发生过安全生产事故。赵班长常常对班里的员工说："不仅要保证产品的质量，还要保证班组作业的安全，避免工作上发生问题。"由于赵班长对安全的重视，员工们增强了安全意识，提高了安全生产的自觉性。

冷冻岗位在生产过程中，使用的是液氨，作为一名冷冻班长，老赵把冷冻岗位的安全生产时刻放在十分重要的位置。为了保障生产装置与工作人员的安全，预防和杜绝火灾事故的发生，在车间领导的支持下，老赵经常带领班组员工举行应急消防预案演练。演练的内容包括：员工中毒、液氨泄露、防燃防爆等。

有一次，老赵带领当班人员在巡检时，忽然发现机房里充满了浓烈的氨味，于是便立即向车间领导汇报，同时带领佩戴好正压式空气呼吸器的员工，到现场寻找泄漏源。经过仔细寻找，发现液氨是从自动集油器泄漏出来的，于是马上报了警。

这时，车间领导立即启动事故应急预案，和机电车间员工一起赶往冷冻生产现场，参加应急救援。由于有中毒的员工被困在现场，赵班长便带领冷冻岗位员工，在第一时间进入氨泄漏现场，抢救出被困员工。

公司的消防车和消防队员也很快赶到了现场，对现场毒气进行了稀释，公司机电车间的救援组，也用沙子对现场的残留物进行了处理。由于应急处置及时，不到半个小时，生产现场又恢复了往日的安全。

1. 建立健全班组安全制度

冷冻班的员工常年在低温环境下工作，员工的人身安全、健康是一个十分突出的问题。针对这一特殊情况，作为班长的老赵深知责任重大。首先，他发动员工制定各项安全生产管理制度、规定，并制定相应的奖惩条例。

其次，班组定期举行一次安全操作规程的学习活动，使班组员工熟练掌握自己的岗位安全操作规程。每次轮班结束后，班组举行一次安全工作点评，班组员工对自己在一周的工作中，贯彻安全操作规程的情况进行反省；并检讨存在的不足，在以后的工作中加以改进。

2. 认真贯彻"安全第一，预防为主"的安全方针

作为企业的细胞的班组，安全工作是企业一切工作的落脚点，也是加强企业管理、减少伤亡和各类工伤事故的基础和关键。在平时的工作中，赵班长带领班组员工认真贯彻"安全第一，预防为主"的安全方针，把安全工作落到实处。例如，每天检查员工是否按照要求穿戴安全防护服，检查员工是否按照安全规定和程序进入现场。

3. 把人性化管理引进安全管理工作中

在班组安全管理工作中，赵班长强调人性化管理。由于员工们每天处

在有毒有害的工作环境中，因此，除了要求员工在进入现场时，必须按照规定穿戴安全防护服之外，员工身体不适，或有女员工例假，都会给予照顾，安排适宜的工作。这样，就使班组安全管理工作由被动变为主动，员工也都积极加入到安全防范工作中来。

　　赵班长带领的冷冻班，由于安全工作做得好，连年被公司评为"安全文明班"，赵班长本人也被评为"安全生产标兵"。

# 第七章　班组自主创新：与时俱进，做最优秀班组长

## 第一节　加强学习，努力与时俱进

### 加强学习，做一个学习型的班组长

班组长是班组生产管理的直接指挥者和组织者，是创建学习型班组的领头人，班组长自身的学习态度、学习习惯以及学习情况，直接关系到创建学习型班组这个活动的实际效果。因此，创建学习型班组，要拥有一个学习型的班组长作为领导。

一个学习型的班组长，需要具备"想学"、"真学"、"会学"三个方面的学习素质，因此，班组长自身要积极强化专业知识、管理知识、法律知识、急救知识等各方面知识的学习，争当推进创建学习型班组的先行者。

从"想学"、"真学"、"会学"三个方面着手，班组长需要做到：

**一、"想学"**

"想学"，即班组长从内心认同学习对其自身和班组建设管理的重要性，愿意学习，并积极主动地想办法学习。"想学"是学习的前提条件，是班组长能够长期坚持学习、提升自我的重要因素。

做一个学习型的班组长，要让自己认可学习，重视学习，努力做想要学

习提高的模范。在班组的生产管理过程中，遇到不懂的问题就要乐于请教，根据遇到的实际问题，寻找相关的理论知识，并在生产管理的实践中，将所学的理论知识转化为指导实际工作的思路、决策和办法，帮助班组成员切实解决他们的工作方法、思维方式等方面的问题。

班组长要努力从知识的运用过程中，享受学习的益处，了解学习的重要意义，也让班组员工看到你的进步，从而以你为榜样，加强自身的学习，在生产作业中，将学习与实践相结合。

## 二、"真学"

学习不是作秀，不是装门面、走过场的形式，更不是博得上级赞扬和员工钦佩的工具。做一个学习型的班组长，需要班组长做到实实在在地学习各种知识，并能够从学习中悟出解决问题的方法，做到学思结合，学以致用。

"真学"贵在用心，班组长要制定合理的学习计划进行学习，并将所学的观点、知识等装入心中，牢记并随时准备好运用，真正成为"真学"的楷模。

## 三、"会学"

"想学"、"真学"体现的是班组长加强自我学习和自我提升的决心和实际行动，而"会学"则是影响班组长学习效率和学习成果的重要因素。

所谓"会学"，就是懂得掌握正确的学习方法，潜心学习，虚心读书。做一个"会学"的班组长，需要从以下三个方面入手：

### 1. 妥善处理工作与学习之间的关系

班组长最重要的工作和任务仍然是管理班组，带领班组成员实现高效生产和优质生产。学习是为了提升班组长的班组管理能力，从而更好地工作。班组长应当处理好学习和工作之间的关系，切莫本末倒置，因为学习而影响工作，惹来班组员工的异议和不满。

### 2. 潜心学习

学习是一个循序渐进的过程，需要耐心和毅力才能够长久坚持。班组长只有耐得住寂寞，克服心浮气躁，坐下来潜心学习，才能够学有所得。

3. 掌握正确的学习方法

学习效率的高低得益于学习方法是否得当。死记硬背必然不能实现高效率的学习。班组长要掌握正确的学习方法，才能够在有限的业余时间内学习到更多的知识。

学思结合是比较高效的一种学习方式。班组长要培养自己在学习中观察、思考的能力，做到学有所思，思有所悟，悟有所获。还要懂得运用所学的知识和所做的思考，发现、分析、研究班组生产管理中的热点、难点问题，和班组成员共同解决班组的各项问题，提高班组的生产效益。

## 学习专业知识，强化业务技能

### 一、学习专业知识的重要性

"打铁先需自身硬"。优秀班组长作为班组的领头羊，作为班组工作的管理者和领导者，作为班组员工学习的榜样，必须具备较高的文化水平、较宽的知识面、较强的专业技能、较好的组织协调能力，以及一定的领导决策能力、政治素质和涵养等。

没有较宽的知识面，没有过硬的技术不足以服人；无法熟练掌握业务技能，熟知专业知识，班组长在下属员工心目中的地位、权威性和影响力等，必然会受到严重的影响。

班组员工对班组长不尊敬，班组长无法拿出真本事使班组员工信服，那么班组的管理和作业质量、生产安全等也无法得到有效保证。班组长以什么样的态度对待自身的业务学习，也注定了会带领下属以什么样的态度从事生产。

因此，班组长要利用业余时间，认真学习专业知识，提高自身的业务技能，在工作时间多实践，遇到问题多思考，努力将自己锻炼成为本专业的专家，处理问题的行家，让员工以班组长为学习的榜样，共同进步、共同发展。

### 二、学习专业知识的方法

1. 合理安排工作计划

班组长的本职工作在于管理班组生产作业。对专业知识的理论性学习，需要靠工作外的时间进行。因此，班组长需要合理安排自己的工作计划，拟定工作计划表，排出日程、进度，掌握好专业知识的学习时间，提高工作和学习效率。

2. 制定学习目标

班组长可以根据具体情况，为自己制定阶段性的专业知识学习目标，如根据现阶段的生产任务，发现自身的专业知识不足之处，进行有针对性的学习，并利用生产作业时间，进行理论实践，加深对知识的理解与运用。

3. 强化思考

班组长在学习专业知识的过程中，要强化自己的思考能力，思考应当是全方位的，做事情之前的构思、计划与过程中的监督、分析与比较以及事后的检查与总结，都需要进行系统的思考。班组长要通过不断思考来深入了解专业知识，强化自己的业务技能，而不能只是当一个知识的装载机器。

4. 要善于总结、善于学习

班组长在学习专业知识和业务技能的过程中，要善于总结理论知识；在班组生产实践过程中，更要善于总结自己每一个阶段的实践经验，从中发现成功和不足、经验和教训，通过反思、总结，提炼出更有利于管理班组、提高班组生产效率的方法。

## 学点法律知识，知法更要学会用法

### 一、学习法律知识的重要性

法律知识的学习是帮助一个人知法、懂法、用法来维护自身合法权益的基础。班组长认真学习法律知识，能够使自己自觉运用法律武器，在不损害国家和他人利益的前提下，合理、合法维护自己和班组员工的切实利益，使市场经济真正成为法制经济。

如果班组长不懂法、不知法，便很难知道自己的某些做法、决策等是否符合法律规定，是否能够带领班组作业人员更好地进行生产作业。那么，这样的班组长在管理班组的过程中，要么会因为无知而畏首畏尾，要么会因为无知而变得无畏，最终给企业、自身以及班组员工造成巨大损失。

所以，班组长认真学习法律知识，掌握相关法律规定和法律程序，无论是对企业而言，对班组员工而言，还是对其自身而言，都是很有必要的。

### 二、学习法律的种类

班组长需要学习的法律主要包括以下九种：

（1）《全民所有制工业企业法》。

（2）《集体所有制企业法》。

（3）《私营企业法》。

（4）《外商投资企业法》。

（5）《公司法》。

（6）《合同法》。

（7）《产品质量责任法》。

（8）《劳动法》。

（9）《安全生产法》。

## 学些急救常识，解决一些应急事故

班组常见的安全急救主要包括现场急救、机械伤害急救、危险化学品伤害急救、触电急救、烧伤急救。班组长需要掌握各种急救常识，以应对突发事故的产生，保证作业人员的生命安全。

### 一、现场急救

现场急救是指为挽救伤员生命，争取时间将伤员送往医院救治，而在现场对威胁人体生命安全的各类事故、意外伤害、中毒和各种急症等所采取的一种应急缓和的紧急救护措施。

现场急救的首要目的是拯救生命，包括防止严重失血、维持呼吸、防止病情恶化、防止休克以及请医务人员等各个方面。

常见现场急救的方式主要包括以下三个方面：

1. 大出血急救

大出血一般是由于伤员的伤口与一个或多个大血管相连而引起的。大量失血如果没有得到及时的救护，很可能会导致伤员在几分钟内死亡，因此，大出血急救的关键在于争取时间，及时止血，切勿耽误。

常用的止血方法有两种，一种是指压止血法，另一种是包扎止血法。

（1）指压止血法。

指压止血法，是用拇指按住伤员出血的血管上方，即近心端，闭住伤员的血管，中断血液流动。

（2）包扎止血法

包扎止血法，是利用绷带、三角巾、止血带等物品，直接敷在伤员的伤口处，或在某个部位进行结扎处理，中断血液流动。

2. 心脏复苏急救

心脏复苏的方法包括心前区叩击术和心脏按压术。

（1）心前区叩击术。

在心脏停搏 90 秒内实施心前区叩击术，往往可使心脏复跳。心前区叩击术的具体方法如下：

1）让伤员仰卧在地板上，舒展伤者的四肢。

2）救护者用拳以中等力量叩击伤员的心前区，一般连续叩击 3~5 次。

3）救护者立即观察伤员的心音和脉搏。

4）如果伤员的心跳脉搏恢复了，说明复苏成功；反之，救护人员就要放弃使用心前区叩击术，改用胸外心脏按压术。

（2）胸外心脏按压术

胸外心脏按压术的方法如下：

1）让伤员仰卧在硬地或木板上，松开伤员的衣服，清除伤员口腔内部的杂物。

2）救护者位于伤员一边，或跨骑在伤员腰下腹部两侧的骨头上，两手相叠。

3）救护者将掌根放在伤员胸骨下 1/3 的部位，把中指尖放在伤员颈部凹陷的下边缘，此时，救护者手掌的根部就是正确的压点。

4）救护者在找到正确的压点后，自上而下均匀地用力向脊方向挤压，压出伤员心脏里的血液。

5）胸骨压下 3~4 厘米后，救护者突然放松掌根，但手掌不要离开伤员的胸壁，使伤员胸部自动恢复原状，心脏扩张后血液又回到心脏里来。

6）救护者按照以上步骤连续不断地进行操作，每秒钟 1 次。

7）救护者在挤压时要定位准确，压力适当，避免给伤员造成额外的伤害。

3. 人工呼吸急救

救护者对伤员进行口对口人工呼吸急救时，方法如下：

1）将伤员仰卧放置，将其颈部放直。

2）迅速解开伤员的衣领，松开伤员的上身衣物、围巾等。

3）将伤员的头侧向一边，打开伤员的嘴巴，清除其口腔中的血块和呕吐物。如果伤员牙关紧闭，救护者可用小木片、金属片等从伤员的嘴角深入牙缝慢慢撬开；如果伤员的舌根下陷，救护者需要将其拉直，避免舌根堵住呼吸道。

4）救护者站在伤员的一侧，用一只手紧捏伤者鼻孔，另一只手托住伤员后颈，使伤员的嘴巴张开，准备接受吹气。

5）救护者做深吸气后，紧贴伤员的嘴巴向其大口吹气，同时观察伤员的胸部是否膨胀，以决定吹气示范是否有效，或吹气力度是否合适。

6）救护者要换气时，应立即离开伤员的嘴巴，并放松捏紧的鼻子，让伤员自动呼气。

7）救护者按照上述步骤每 5 秒对伤员进行 1 次人工呼吸。

## 二、机械伤害急救

1. 停止机械运作

当发生机械伤害时，应当先将发生事故的机械关闭，停止机械运作。

2. 对伤员的伤口进行止血、包扎

救护人员对伤员的伤口进行现场止血和包扎，伤口处的异物不需要拔出，按伤口内异物的包扎原则包扎后送往医院。

如果伤员因机械伤害而造成断手、断指等严重情况时，救护人员更要对伤员的伤口要进行包扎、止血、止痛以及半握拳状的功能固定。然后用消毒或清洁敷料将断手、断指包好，再将其放在无泄漏的塑料袋内，扎紧袋口，在袋周围放上冰块或用冰棍代替。

3. 固定伤员的断肢

进行骨、关节损伤的固定制动，是实施机械伤害抢救的一项基本任务。正确固定伤员的断肢，能够迅速减轻伤员的疼痛，减少出血，防止损伤脊髓、血管、神经等重要组织。

急救时的固定是暂时的，因此，救护人员应力求简单而有效，不要求对骨折准确复位。在固定前，救护人员应尽可能牵引和矫正畸形，将肢体置于适当位置，选用合适的固定器材。一般而言，骨折固定应涵盖上下两个关节。

4. 将伤员送往医院

做好简单的应急处理之后，救护人员应尽快将伤员送往医院进行抢救。

### 三、危险化学品伤害急救

在化工生产作业中，由于与班组作业人员打交道的危险化学品都具有易燃、易爆、有毒、强腐蚀等特性，稍有不慎，就会造成人身伤害。常见的化学品伤害主要包括灼伤、烧伤、冻伤、中毒、窒息等。

对因危险化学品造成伤害的伤员进行急救需要做到以下六点：

1. 让事故现场安全通风

发生事故的现场，通常有大量的危险化学品气体，包括硫化氢、一氧化碳等，这些有毒气体泄漏，使得事故发生区变成严重的污染区，处于严重缺氧状态，对急救不宜。所以，救护者在进入事故现场对伤员进行急救时，应立即对现场进行通风，稀释有毒气体。

2. 将伤员救离事故现场

对事故现场进行安全通风后，救护者应尽快将伤员救出事故现场，转移到空气新鲜处。

3. 清洗伤员的化学品接触部位

救护员将伤员放置在安全地带，脱去伤员被污染衣物，用大量流动的清水彻底冲洗伤员被化学品接触的部位。

4. 保持伤员呼吸通畅

如果伤员已经昏迷，救护员需要确认并保持伤员呼吸通畅。

（1）迅速解开伤员的衣领和腰带。

（2）清除伤员口腔和鼻腔内的分泌物、呕吐物以及其他异物。

（3）将伤员的下颌托起，或者使伤员的头部朝后仰，避免伤员的舌头后坠引起呼吸道梗阻。

5. 对伤员进行人工呼吸

如果伤员出现呼吸困难、紫绀、昏迷等情况，应立即让伤员深呼吸，尽力吸氧；如果伤员出现呼吸障碍、休克、心脏骤停等情况，并且呼吸停止时，救护者应当对伤员实施人工呼吸急救。

6. 按压伤员心脏

当伤员出现意识丧失，无呼吸动作，大动脉搏动消失时，即可诊断为心跳停止。对此，救护者应采取我们前面所说的心脏复苏法对伤员进行急救。

**四、触电急救**

触电急救分秒必争，救护者在使伤员脱离电源之后，应立即就地采取心肺复苏法对伤员进行抢救，不要轻易放弃。在抢救的同时，要尽快报警，与医院联系，争取"120"医院人员及早赶来救治。

进行触电急救应做到以下四点：

1. 不准直接用手触及伤员

当触电者尚未脱离电源前，现场救护人员不准直接用手去触及伤员，因为这样做会有触电的危险。

2. 救护时注意保护自己

在实施救护的过程中，救护者要做好自我保护工作，使自己绝缘。因此，救护者应先设法断开触电者接触的那一部分带电设备的开关、刀闸，或设法将触电者与带电设备脱离。

3. 争取抢救时间

在进行触电急救时，救护者要抢夺时间使触电者尽快脱离电源，时间越短越好。因为触电的时间越长，对触电者的伤害就越大，抢救时间越短，触电者的生命危险越大。

4. 采取预防高空坠落的措施

触电者如果是在高处不慎触电，当电源被切断后，有可能从高处坠落。此时，救护者应采取相应的预防坠落措施。

**五、烧伤急救**

1. 将伤员带离事故现场

一般作业人员出现被烧伤情况，是由于接触强腐蚀化学品或火灾所引起的。救护人员在进行救护前，应先将伤员抢救出事故现场，阻止持续烧伤，减少烧伤程度。

2. 除去伤者伤口处的衣物

救护人员将伤员安置在安全区域，并除去伤员伤口上的衣物。在除去衣物时，动作要轻柔，不要强扯强拉，以免碰到伤口处，给伤员带来痛楚，加大伤员的受伤程度。

3. 正确放置伤员

如果伤员处于昏迷状态，救护者应将伤员的头部偏向一侧，以免伤员的呕吐物、血块等堵塞住呼吸道，造成窒息。

4. 对伤员进行简单包扎

在必要时，可以用干净衣服或床单，给伤员做简单的包扎，保护好创伤面。

5. 尽快送医院救治

应尽快把被烧伤的患者送往医院救治，并由专人看护。

# 第二节 打破常规，努力寻求创新

## 班组长自主创新的价值

对于整个企业而言，班组是企业创新的前沿阵地和创新成果的现阵地，班组长作为班组的管理者和领导者，其自主创新能力越强，越能够带领企业的基层强化创新能力，从而提升企业的整体创新能力，让企业依靠自身的力量整合各种资源，攻克技术难关，开发独有的核心技术，建立属于自己的知识产权。

自主创新是企业一系列创造活动和过程的总称，相对于模仿和借鉴而言，自主创新能够帮助企业摆脱对外部技术的单纯依赖，不但可以进行自主创造，还可以通过对引进技术进行充分的消化、吸收和再创新，从而牢牢把握核心技术的所有权，完成技术成果的商品化，实现新产品的价值，进而形成自主品牌，提升企业的核心竞争力。

对于班组而言，自主创新是时代发展对班组的必然要求，是差异化竞争的核心特征，是班组健康发展的保证。班组长强化自身的自主创新能力，有利于优化班组的管理，有利于提高班组的生产效率和产品生产质量，有利于增强班组全体对班组的认同感和归属感。

因此，班组长和班组全体成员都要深刻认识到自主创新对于班组发展的意义和内涵，将班组的自主创新作为自己的分内职责，主动提升自己的创新意识和创新能力。班组全体成员为了共同的荣誉和利益着想，应当全力配合班组长的自主创新进程，全面提升班组的自主创新能力。

## 班组长自主创新的内容

班组长自主创新的内容主要包含五个方面：

### 一、"自主"的"创新"

自主创新重在"自主"，班组是企业创新的基础和主体，班组长在创新上应当具有一定的独立性，担当起企业下放的各个方面的自主权，包括创新决策、资源投入、技术选择、创新内容等。

班组长自主创新需要紧密结合企业和班组的实际情况，在创新实践中培养具有自主创新能力的员工队伍，并带领这些具有创新能力的员工们自如地应用自主研发的核心技术，提高班组的生产能力和生产质量。

### 二、在现有基础上创新

创新不是异想天开的虚幻，它必须以现有基础为基点。因此，班组长自主创新必然要从班组现有的状况出发，在班组现有的技术和环境条件下发现新问题，有机融合各种相关技术，发散思维，促进新产品创意的产生，或者提出改进工作方式和生产流程的建议。

### 三、初级创新

班组长充分利用班组的现有资源，着眼于自身、班组成员以及班组的已有条件，带领班组成员对班组的技术、管理等进行改善，实现初级的创新。

### 四、整合创新

在实现初级创新的基础上，班组长还应当带领班组成员进行整合创新。整合创新需要班组长从两个方面着手工作，一个是总结班组内部的创新经验，另一个是充分借鉴、吸收从外部引进的各种先进的资源技术，通过总结自身的创新经验和借鉴外来的先进技术，实现班组的综合创新。

### 五、着眼于核心任务的创新

创新往往需要耗费较大的人力、物力和财力，不可能做到面面俱到。在现有的条件下，要想实现有意义、有价值、真正具有突破性的创新，就必然要讲究创新策略，选择好创新的重点方向。

此而，班组长进行班组的自主创新，需要集中班组内部的优势兵力，突出重点，思考各个方面的利益和效率，并从中寻找平衡点，然后着眼于班组的核心任务，用主要力量对关键技术进行自主创新和突破。

## 常见的创造性思维模式

### 一、发散思维

发散思维也被称为辐射思维、扩散思维或多向思维等，它是创造性思维的常见模式之一。发散思维是指大脑在思维时呈现的一种扩散状态的思维模式，它表现为思维视野广阔，思维呈现出多维发散状。

发散思维的创造性在于，它要求对于某一问题的思考，不能拘泥于某一点或某一条线索，而应该从问题的要求出发，沿着不同的方向探求问题的答案。这种思维方式所产生的答案一般是多种的，有利于班组长从各个方面探究创新点。

### 二、侧向思维

侧向思维又被称为旁通思维。在班组创新的运用中，它要求班组长利用其他专业或行业的知识，从侧向迂回地解决所面临的某个问题。

常规思维或者正向思维有时会面临某些难以跨越的瓶颈、解决不了问题，侧向思维则为解决这样的问题提供了不一样的视角，实现创新性的突破。

侧向思维通常有三种运用方式：侧向移入、侧向转换、侧向移出。

1. 侧向移入

所谓侧向移入，就是从其他领域借鉴或接受启发而产生的创新性思维。它包含两种方式：

（1）通过借鉴。

借鉴其他领域的先进技术，即跳出本领域的小圈子，摆脱习惯性思维，将注意力拓展到更广阔的领域，从更广阔的领域中借鉴比较先进的技术原理、方法等，然后直接移植到本班组的管理和生产活动中，加以利用。

（2）接受启发。

从其他领域中接受启发，即从本部门之外的其他领域的事物特性、原理中得到启发，对原来思考的问题进行创新设想，从而形成新的方法来解决原来的问题。

2. 侧向转换

侧向转换是在同一个问题或同一种方式中进行的转换，通常为局部和整体之间的转换。例如，在解决某一问题时，不按照最初设想或常规的方式来处理问题，而是将出现的问题转换成某个侧面的其他问题加以解决，或者是将处理问题的手段转换成侧面的其他手段来解决同一个问题等。

3. 侧向移出

侧向移出是从行业内部移向行业外部进行思考和运用，如将本班组现有的先进技术和产品等，从目前所属的行业中脱离出来，将其与其他行业相联系，加以思考和创新。

### 三、逆向思维

逆向思维也被称为求异思维，它与人们的常规思维不同，是"反其道而思之"的一种独特的思维方式。世间万物都具有两面性，这种两面性又相互依存于一个统一体中，这是逆向思维产生的基础。

由于人的习惯性思维方式，我们在认知事物的过程中，往往只看到了事物的一面，而忽视了事物的另一面。逆向思维可以帮助我们摆脱这种惯性思维的束缚，做到同时与事物的正反面打交道，通过反面去思考问题，以获得新的想法，新的解决方案。

### 四、联想思维

联想思维就是把某一事件和其他事件联系起来，从而产生新思维。这种思维方式没有固定的思维方向，是一种自由思维活动，依赖于创新者的联想力、想象力和创造力。

联想思维主要分为相近联想、相似联想、相反联想和因果联想。

1. 相近联想

相近联想指一个事物或现象与另一个事物或现象之间在时间或空间上比较接近，让人容易从该事物或现象联想到相接近的另一个事物或现象。

2. 相似联想

相似联想是建立在两种事物或现象之间具有相似性的基础上的，包括性质、形态或功能上的相似性。人们可以从某一个事物或现象中获得刺激，从而联想到与之相类似的其他事物或现象。

世间万物除了时间、空间上的联系外，还有很大一部分是属性的联系，如形态相似、功能相似或者是性质形似等，班组长和班组作业人员平时应当留心周围事物，在头脑中积累储存大量事件的"相似块"，然后在相似事件之间进行相互启发、模仿和借鉴，学会运用相似联想方法来进行思维创新。

3. 相反联想

相反联想是建立在两种具有相反属性的事物或现象上的一种联想方式。例如，从白天联想到晚上就属于相反联想。人们可以利用相反联想从一个事物或现象中得到刺激，联想到与它具有相反属性的事物或现象上，从而开发创新性思维。这种相反属性既可以是时间上的，也可以是空间上的。

4. 因果联想

因果联想是利用两种事物或现象之间的因果关系所形成的一种联想方式，它源于人们对事物发展变化结果的经验性判断和想象。

## 培养班组长创造性思维的途径

为了让班组长在琐碎的班组管理工作中理清头绪，发现有价值的新问题，进行积极探索，从而强化班组的管理，班组长必须要培养自身的创造性思维。

### 一、建立培养创造性思维的环境

创造性思维往往需要在一定的环境、一定的条件下才能更好地进行。班组长创造性思维的培养，需要班组乃至企业为其提供一定的自主权，让班组长能够充分发挥自主性和才能，培养自己的自主创新思维，提高自己的自主创新能力。

### 二、开设创造性思维培训课程

企业要定期开展创造性思维培训课程，通过正规化、集中化的培训方式，利用发散思维训练、头脑风暴训练、逆向思维训练、联想训练等多种训练方式，培养班组长的创新性思维和创造性能力。

### 三、通过工作实践摸索创新性思维方式

创新需要立足于对现实的实践。班组长要主动在日常的工作实践中不断思索，通过对事物或现象的周密分析，寻找事物或现象之间的共同性和规律性，从而培养自己的联想思维。

### 四、长期坚持运用多向思维思考问题

创造性思维不是一下子就能够产生的，需要班组长长期坚持思维训练，在训练中积累经验、总结经验，从经验中强化自己的创新和创造能力。

因此，班组长要利用日常工作中所面临的各种问题、各种事物，坚持从多个角度去认知一种问题或事物，提高自身的思维弹性，经常进行思维转换训练，如宽窄变换、粗细变换、高低变换、快慢变换、长短变换、纵横变换等，从而开阔自己的思路，使自己的思维更加灵活多变，避免思维的僵化。

## 健全合理化建议推进机制

### 一、班组合理化建议的含义

班组合理化建议，是指为改进和完善班组生产技术、产品质量、班组管理等提出的意见和想法。合理化建议需要班组长带领班组全体成员共同参与，为班组的管理和发展充分发挥自己的才智与能力。

### 二、班组合理化建议的内容

（1）班组制度、组织结构等方面的改进建议。

（2）有助于突破和创新班组建设方法，提高班组管理水平和班组效益的指导性建议。

（3）有助于改进班组生产工艺、检验方法和产品包装的建议。

（4）班组生产设备、技术工具、仪器、装置等的改进建议。

（5）有助于提高班组工作效率和应变能力，有助于理顺管理或作业流程的建议。

（6）有助于提高班组的产品质量，改进班组的产品结构，降低班组生产成本的提案。

（7）有助于推进现代管理技术和手段应用的意见和建议等。

### 三、班组合理化建议的共同特点

**1. 进步性**

班组合理化建议是班组长和班组全体成员智慧的结晶，是对原来方案、工艺等的改进、完善和提高，因而具有明显的进步性。

**2. 可行性**

合理化建议是立足于班组的现实条件提出来的，对完善班组管理和生产等方面，合理化建议所提出的解决措施具有可操作性与可实施性。

**3. 效益性**

合理化建议的各种提案、措施等被实施之后，能够明显提高班组的效益。

### 四、班组合理化建议的推进方式

由班组长担任合理化建议推进机制的第一责任人，班组全体员工作为合理化建议推进机制的参与者，共同参与、提出有利于班组发展的各种合理化建议。

班组长在推进合理化建议的过程中，需要负责合理化建议的征集、整理、鉴定、采纳、宣传、组织、实施及制度的完善等工作，还要对本班组成员提出的合理化建议进行成果申报和奖励申请。

### 五、健全班组合理化建议推进机制的意义

健全班组合理化建议推进机制是班组进一步贯彻"以人为本"的班组管理模式的体现，班组成员的每一条合理化建议都是创新思维的结晶，健全和实施合理化建议推进机制有利于直接提高班组的生产效益；有利于在班组内形成创新环境；有利于培养班组全体成员主动参与班组管理和建设的意识；有利于增强班组全体成员的凝聚力和对班组的归属感。

## 实现班组技术改善的途径

### 一、班组技术改善的含义

班组技术改善是指通过对班组的生产、管理技术和结构进行革新和改进，从而改善或提高班组生产设备的性能、精度和生产率，减少生产过程中

产生的能耗和污染，提高班组的生产效率和效益。

## 二、班组技术改善的原则

班组技术改善不是盲目进行的，需要遵循一定的原则，主要包括：

（1）认真考虑生产上的必要性、技术上的可能性和经济上的合理性。

（2）为确保改善达到预期的效果，需要进行充分的市场调研和评估。市场调研和评估的内容包括革新的成本、技术革新后是否能达到预期的效果等问题。

（3）技术改善要对班组生产经营业绩的提升起到事半功倍的效果。

## 三、技术改善的途径

1. 注重班组成员的学习与培训

班组技术改善的前提条件是班组全体成员的素质得到显著提升，而提升班组全体成员素质的有效途径在于创建学习型班组，让班组全体成员自主学习，积极参加培训。

强化班组成员的自主学习与培训，班组长可以采用以下四种方法：

（1）以身作则。

班组长是班组的带头者和领导者，是班组成员看齐的标杆。要想让班组成员形成自主学习的良好习惯，在班组内建立学习的氛围，班组长必须以身作则，利用自身的模范作用，带动班组全体成员逐渐形成个人学习自觉化、班组培训制度化的学习氛围和培训机制，以有效促进班组成员素质的提高。

（2）开展培训活动和技术革新活动。

班组长要积极开展员工培训活动，将班组培训制度化，利用培训，增强班组成员的主人翁意识，提高班组成员的工作技能，让班组成员能够保质保量地完成各自的生产任务。

班组长还要定期开展技术革新活动，将技术革新活动发展为班组的特色文化。组织班组成员既要立足于自身的本职岗位，做好自检工作，积极查找本岗位产品质量缺陷和其他各种问题，又要立足于整个班组的发展，查找班组生产管理上的漏洞和班组其他成员技术上的不足，做好互检、互帮、互助，共同攻克技术难关，进行技术改进和创新。

（3）培养员工发现问题、思考问题的习惯。

没有发现问题，就不可能解决问题，并改善技术、实现创新。因此，培养员工发现问题、思考问题的能力和习惯十分重要。

班组长可以通过建立班组"问题库"的方式，鼓励班组全体成员在平时的生产活动中，从质量、管理、班组建设、安全隐患、设备故障等方面发现问题，然后将这些班组改善和创新的原始问题集中起来，作为班组立项改善的依据。班组长将"问题库"中的问题进行合理分类，并集中班组全体成员的智慧，有针对性地提出解决方案。

（4）合理分配员工，取长补短。

人各有所长，也各有所短，班组成员的特点各不相同，有的人思维比较灵活，想法多，能在解决问题过程中想出各种点子和改善的方法，但动手能力不强；有的人动手能力强，但通常没有什么好的想法或解决问题的办法；有的人性格外向，能够凝聚班组其他员工；有的人踏实勤恳，生产质量总是令人称赞。

班组长应当充分了解每位组员的特点，在分配工作时，要合理进行人员配置，充分发挥每一位员工的特长，充分调动班组成员参与改善和创新的积极性，提高班组技术改善创新的效果。

2. 以人为本，形成改善创新的良好氛围

"以人为本"是现代化管理理念，班组技术改善和创新，离不开全体班组成员的参与。因此，班组长应当重视以人为本，在班组内构建良好的技术改善和创新氛围，领导班组全体成员共同为改善班组技术而努力。

构建良好的班组氛围，班组长需要做到：

（1）真诚地与班组成员沟通。

沟通是人与人之间相互了解，实现优质合作的重要方式。班组长要想建立良好的班组氛围，就要做到真诚地与班组成员沟通。

一个优秀的班组长，除了会管理以外，还要善于与班组成员进行沟通，随时了解班组成员的思想动态与个性需求，了解班组成员的特长与特点，从而增强班组凝聚力和创造力，实现班组技术改善目标。

（2）关心班组成员。

班组相当于一个"小家庭"，班组长是"家长"，班组成员是"家庭成员"。只有建立"家长"关心爱护"家庭成员"的温馨家庭氛围，才能使整个家庭更具有凝聚力，更能够同心协力、目标一致地维护和改善家庭。

因此，班组长不应吝惜自己的爱心，要多关心班组成员，把班组成员当作家人一般对待，了解他们的想法和需求，帮助他们进步、成长。只有这样，班组成员才会从内心里把班组当作温馨的家，全力以赴地做好本职工作，更加自主、自由、积极、主动地为班组的发展而学习，提高自己的创新能力。

（3）尊重班组成员。

尊重是人的一大重要需求，尊重是相互的，也是一个人愿意为另一个人而努力付出的重要因素。因此，班组长应当持有尊重每一名班组成员的心，尊重员工，真诚地与员工相处，这样班组员工才会给予你同样的尊重，并愿意与你合作，共同为班组发展出谋划策。

（4）鼓励班组成员。

鼓励是激励员工的一种重要方式，一句鼓励的话，有时候会成为班组员工强大的工作动力，增强班组成员的自信心，唤起班组成员工作的激情，激励班组员工积极奋进，从而增强整个班组团队的团结与力量，确保班组预期目标的顺利实现。

"你最近进步很大"、"你的建议真不错，我们决定采用你的建议了"、"继续努力，你一定可以的，有什么困难尽管开口，班组全体成员可以帮你一起研究"等，这些都是比较常见的、具有明显效果的鼓励班组成员的话语。班组长要善于运用这些鼓励性的话语，鼓励班组成员。

鼓励班组员工还需要做到正确对待员工所犯的错误。对于班组成员做错的事，班组长要适当地给予批评，但不能言语过激，伤害犯错者的自尊，批评过后再给予肯定与鼓励，会使犯错者更加牢记自己所犯的错误，并督促自己不能再犯同样的错误。对于班组成员的创新想法和取得的进步，班组长应当经常进行鼓励，让他们再接再厉，这样，班组改革创新的路才会越走越远。

**经典案例**

### 生产技术革新，大大提高工作效率

济南西机务段济南西检修车间机电一组班组长孟令泉，是一位善于创新的班组长，他的创新思想帮助他破解了一道道检修的难题。他发明的标记工作法，让 ND5 型内燃机车中修柴油机齿轮拆装效率提高了一倍；他为韶山 4 型电力机车消除了因车顶漏雨引发的机车故障；还为每台机车节省材料成本 4000 元。

自 1995 年 7 月从事机车柴油机的检修工作以来，孟令泉一直虚心向大家学习，打好了扎实的基础。除此之外，他还利用休息时间刻苦钻研柴油机的相关知识，并且每次完成本岗位任务后，他总是挤出时间来到 ND5 型机车柴油机组装库房，现场了解柴油机的内部结构，详细掌握维修技术，尽快提高自己的业务技能。

他总是积极地思考很多问题，想尽办法解决困难，实现创新。1996 年 2 月的一天，孟令泉在更换 ND5 型 240 号机车凸轮轴瓦齿轮时，突然发现拆下来的齿轮怎么也装不上了。这时他便想到了如果在拆卸前做个标记，那么再安装起来就不会错位，这样就很容易了。于是他采取了一种在齿轮拆装时打标记的工作方法，即在拆装齿轮之前做好标记，组装时对照先前做好的标记，然后再转动曲轴核对确认组装状态是否正确。孟令泉的这个方法让其工作效率提高了两倍，并且在车间里被广泛传播开来。

孟令泉的工作思路越来越开阔，一次次地用创新的方法实现了多项技术革新，如制作了专用工具，实现了对柴油机不吊缸就能够更换供油滚轮。

某一年的夏天，韶山 4 型电力机车因车顶漏雨发生多起机车故障。为破解这一难题，孟令泉带领班组员工展开技术攻关。他们通过对机车漏雨部位分别涂抹发泡剂和密封胶对比试验，与技术部门联合采用了铲平机车车顶表面先涂发泡剂再涂抹密封胶的办法，消除了车顶漏雨引起的机车故障。

　　孟令泉的创新思想深刻地影响着每一位班组成员，大家都对工作产生了很大的积极性，也愿意积极思考，多提出"新点子"，大家还共同切磋分析车间小报刊登的电力机车典型故障。遇到难题，总能一起商量解决的办法，整个班组的检修水平都大大提高了。

　　一个善于创新、善于思考的班组长，让全组员工创新攻关的干劲持续高涨。机电一组获得了"2011年度济南局先进班组"称号，孟令泉也连续多年获得"先进个人称号"。

# 附录 企业班组长考核表

| 结构 | 考核指标 | 不合格(0~1分) | 合格(2分) | 中(3分) | 良(4分) | 优(5分) | 权重 | 得分 |
|------|---------|--------------|----------|---------|---------|---------|------|------|
| 素质结构 | 事业心 | 工作敷衍,责任心差 | 工作马虎,责任心不强 | 责任心一般,满足于日常工作 | 工作勤奋,责任心强 | 工作一丝不苟,勇于承担责任 | | |
| | 纪律性 | 纪律性差,经常迟到、早退 | 纪律性较差,有迟到、早退的现象 | 有一定的纪律性,但偶尔会犯小错误 | 纪律性较强,没有迟到、早退现象 | 纪律性较强,经常加班加点 | | |
| | 主动性 | 经常偷懒,工作懈怠 | 工作被动,需要外界提醒 | 工作较主动,不偷懒 | 能积极主动完成本职工作 | 对分内、分外工作都非常积极 | | |
| 知识结构 | 文化知识 | 初中以下 | 高中水平 | 中专水平 | 大专水平 | 大学以上水平 | | |
| | 专业知识 | 缺乏专业知识 | 对专业知识只有一些粗浅的了解 | 对专业知识的掌握较为一般 | 对专业知识的掌握有一定的深度 | 熟练掌握专业知识 | | |
| 能力结构 | 表达能力 | 表达含糊,让人难以理解 | 基本能表达自己的意思,但缺乏条理 | 词能达意,但不够生动 | 语言简练、清晰 | 语言生动,表达有技巧,有幽默感 | | |
| | 创新能力 | 因循守旧,毫无创新 | 保守,很少有新思想 | 能自主开动脑筋进行作业改进 | 有一定的创新能力,并在工作中取得了一定的成果 | 有魄力,善于积极创新 | | |
| | 合作能力 | 性格孤僻,不愿与人合作 | 基本能与他人合作 | 愿意与他人合作 | 主动与他人合作 | 积极合作,乐于助人 | | |

续表

| 结构 | 考核指标 | 不合格 (0~1分) | 合格 (2分) | 中 (3分) | 良 (4分) | 优 (5分) | 权重 | 得分 |
|------|---------|---------------|-----------|---------|---------|---------|------|------|
| 能力结构 | 交往能力 | 交往能力弱，不善与人交往 | 交往能力弱，社交面较窄 | 交往能力一般，能与大多数人交往 | 交往能力强，社会面较宽 | 善于与人交流，建立广泛的关系 | | |
| | 理解能力 | 对分配的工作和新知识掌握慢，不得要领 | 理解能力差，在旁人的指点和帮助下能初步掌握 | 能自主理解分配的工作和新知识，但掌握能力一般 | 能较快地掌握分配的工作和新知识，理解较深 | 能迅速掌握分配的工作和新知识，理解深刻 | | |
| 绩效结构 | 产品质量 | 经常出错 | 偶尔出错，质量较差 | 质量一般 | 不出错，质量较高 | 从不出错，质量高超 | | |
| | 工作任务 | 不能完成定额的工作任务 | 在同事的催促和帮助下能够基本完成工作任务 | 基本能够独立完成工作任务 | 能按时完成工作任务，有时还会超额完成 | 总是非常出色地完成所有任务 | | |
| 考绩分总计 | | | | | | | | |

| | |
|---|---|
| 考核者意见 | |
| 员工意见 | |

考核者签字：

员工签字：